电子商务人才培养系列教材·服务岗位群

电子商务物流配送

◎主　编　覃忠健

◎副主编　欧阳俊　蔡　闽　林华均

電子工業出版社

Publishing House of Electronics Industry

北京·BEIJING

内 容 简 介

本书采用项目化形式编写，内容包括电子商务与现代物流、物流配送运作模式与配送技术、物流配送环节、典型配送作业、电子商务物流配送模式选择、电子商务物流客户服务管理 6 个项目共 26 个任务组成。

本书可作为职业学校电子商务专业、物流专业及其他相关专业课程的教学用书，也可作为电子商务企业、物流企业相关工作人员的培训教材和参考资料。

图书在版编目（CIP）数据

电子商务物流配送 / 覃忠健主编. —北京：电子工业出版社，2021.3

ISBN 978-7-121-40753-6

Ⅰ. ①电… Ⅱ. ①覃… Ⅲ. ①电子商务—物资配送 Ⅳ. ①F713.365.1

中国版本图书馆 CIP 数据核字（2021）第 043627 号

责任编辑：罗美娜　　文字编辑：张　彬
印　　刷：河北虎彩印刷有限公司
装　　订：河北虎彩印刷有限公司
出版发行：电子工业出版社
　　　　　北京市海淀区万寿路 173 信箱　邮编　100036
开　　本：787×1 092　1/16　印张：9.25　字数：236.8 千字
版　　次：2021 年 3 月第 1 版
印　　次：2025 年 6 月第 11 次印刷
定　　价：29.80 元

凡所购买电子工业出版社图书有缺损问题，请向购买书店调换。若书店售缺，请与本社发行部联系，联系及邮购电话：（010）88254888，88258888。

质量投诉请发邮件至 zlts@phei.com.cn，盗版侵权举报请发邮件至 dbqq@phei.com.cn。

本书咨询联系方式：（010）88254617，luomn@phei.com.cn。

前　言

PREFACE

当前，网络信息技术革命带动新技术、新业态不断涌现，电子商务发展机遇与挑战并存，随着分工的不断细化，以满足客户需求为宗旨的物流与配送业务持续增加，因此对电子商务专业职业教育的要求也在不断变化。党的二十大报告指出，“加快实施创新驱动发展战略，加快实现高水平科技自立自强，以国家战略需求为导向，集聚力量进行原创性引领性科技攻关，坚决打赢关键核心技术攻坚战，加快实施一批具有战略性全局性前瞻性的国家重大科技项目，增强自主创新能力。深入实施人才强国战略，坚持尊重劳动、尊重知识、尊重人才、尊重创造，完善人才战略布局，加快建设世界重要人才中心和创新高地，着力形成人才国际竞争的比较优势，把各方面优秀人才集聚到党和人民事业中来。”各院校结合经济发展和产业结构调整对电子商务物流配送应用型人才的需求状况，调整人才培养的规格和要求，促进人才培养与企业需求匹配。

本书以经济发展和产业结构调整对电子商务物流配送应用型人才的需求为依据，以电子商务专业教学标准为指导，着力提高学生的操作技能水平和综合职业能力，实现人才培养与企业需求同步，确保电子商务物流配送人才培养的规格和质量。

本书力求突破传统的教材编写模式，从学习者和实际工作的特点出发，以工学结合、校企合作为主线，注重教、学、做一体，将项目、任务、案例、工作过程融为一体，体现理实一体的课程改革思路。

因此，本书采用项目、任务组织教学单元，采用项目教学、任务教学、案例教学等教学模式开展教学活动。每个项目都有项目情境设计、项目目标、项目分析和项目总结，包含若干个任务；每个任务都由任务导入、任务分析、知识百宝箱等部分组成。通过提出问题、分析问题、解决问题、效果检验的逻辑关系展开教学。项目与工作任务相匹配，按照工作岗位的不同内容划分工作任务，按照工作任务的逻辑关系设计知识点，尽早让学生投入工作实践，加快实现从学习者到工作者角色的转换，力求理论知识够用，突出实际运用与操作技能的培养。

具体而言，本书具有如下特点。

（1）实用性。本书的重点在于具体应用，大量的实际应用案例贯通始终，图文并茂，简洁直观，加上必要的理论知识，有助于学生对基础知识的理解和理论水平的提升。

（2）针对性。本书顺应现代电子商务物流配送的新趋势，立足企业岗位工作需求，采用“项目导入、任务驱动”的教学方法，以“好用、有用、实用”为宗旨，对相关的内容和环节进行优化，不设计过多的栏目，旨在提高学习者的学习效率。

（3）新颖性。本书反映电子商务现实的特点和发展的需求，以综合能力与技能培养为核心，体现了行业新技术的应用和新业态的发展趋势。

本书强调电子商务物流配送基本技能的掌握，突出学以致用与操作技能的培养，加强职业素养的引导，以提升学生的就业能力和可持续发展能力。因此，本书既可作为职业学校电子商务专业、物流专业及其他相关专业课程的教学用书，也可作为电子商务企业、物流企业相关工作人员的培训教材和参考资料。无论是教师组织教学还是学生自主探究学习，或者是其他人员使用，本书都具有很强的可操作性。

本书建议学时合计为54，具体分配如下：

项　目	总学时	讲授学时	实践学时	机动学时
项目一：电子商务与现代物流	6	3	2	1
项目二：物流配送运作模式与配送技术	10	4	4	2
项目三：物流配送环节	10	4	4	2
项目四：典型配送作业	10	4	3	3
项目五：电子商务物流配送模式选择	8	4	4	0
项目六：电子商务物流客户服务管理	10	4	4	2
合计	54	23	21	10

本书由覃忠健担任主编，由欧阳俊、蔡闽、林华均担任副主编，具体编写分工如下：项目一由覃忠健、蔡闽、李芳编写；项目二由王琴、吕天旭编写；项目三由陈少瑜、何龙编写；项目四由关燕宾、胡辉贤编写；项目五由欧阳俊、黄思艳编写；项目六由周少云、陈飞雪编写。本书由覃忠健拟定大纲并统稿，由欧阳俊、蔡闽协助完成相关工作，林华均对全书内容进行了审核并提出了修改意见，王轶群参与了本书教学课件、电子教案等的制作，在此一并表示感谢！

为方便教师教学，本书配有教学资源包，内含每个任务的助教课件、微课资源等，以帮助教师组织教学活动，提高教学效果。

由于编者水平有限，而且电子商务物流配送是一个快速发展的行业，本书难免存在不足之处，衷心希望读者和同行批评指正。

编　者

目 录

CONTENTS

项目一 电子商务与现代物流

佳美优电子商务公司（简称佳美优公司）是一家电商代运营企业。该公司刚接到几家网店的合作邀请，合作内容涉及服饰、生鲜、家电等网店的代运营业务。佳美优公司总经理办公室（以下简称“总经办”）王嘉玲经过一系列的筹备工作，代运营的服饰、生鲜、家电等网店终于开始营业。但随着网店访问量的日渐增加，店铺的订单量也随之不断增加，导致网店运营过程中商品的包装质量、发货速度、运输效率等都出现了问题，直接影响到了消费者的购买体验，成为网店业务扩大的瓶颈。于是王嘉玲将问题汇总后向上级进行了反馈，经公司高层商议，为了提高网店运营效率，提供更好的客户服务，总经办要求王嘉玲积极学习电子商务物流配送知识，以解决网店业务发展过程中所出现的物流问题。但是如何做好网店的库存管理、如何降低物流成本、如何提升物流服务水平等物流方面的管理经验和基础知识的缺乏，令王嘉玲非常困惑。

项目目标

知识目标：了解物流的基本概念及行业现状，熟悉物流的关键要素，了解电子商务与物流的关系，熟悉电子商务物流配送的概念及流程。

能力目标：能解释日常生活中的物流现象，初步确定网店的物流业务范畴，初步构建网店的配送业务。

项目分析

物流的概念从提出到现在，其形式与内涵在实践中不断得到丰富和完善，同时不断地推动着传统物流向现代物流转变。伴随着电子商务的迅猛发展，现代物流业也融入了更多时代特征，电子商务与物流的相辅相成之势日趋明显，尤其是电商物流配送业务追求高质量、高时效性，使许多电商开始重视对物流业务的深入研究。接下来，我们就一起来帮助王嘉玲认识物流，了解电子商务与物流的关系，学习基本的物流管理知识，解开她心中的困惑。

任务1 现代物流基础知识

一、任务导入

王嘉玲想从网店运营中的基本物流业务入手，但是她以前没有学习过物流专业知识，所以不知道该从哪些知识开始学习。你认为打好物流基础需要掌握哪些知识呢？

二、任务分析

伴随着电子商务的发展，物流活动走进了人们的生活，人们对物流水平的要求越来越高。王嘉玲要想更好地开始物流知识的学习就必须先了解现代物流的发展过程。

三、知识百宝箱

（一）什么是物流

1．古代的物流

物流（Logistics）自古有之，人类从事的劳动是“物质”活动，有劳动就有物流。远古时期，一只羊换两匹布便是典型的商品交换形式，布匹是人们的劳动成果，与羊进行交换的过程形成了物流。

2．物流概念的演变

物流的概念，经历了从 Physical Distribution 至 Logistics 的演变。Physical Distribution 直译为“物的流通”，该概念仅考虑了实物分配、货物配送的问题。

Logistics 一词开始频繁出现始于第二次世界大战时期的美国国防部。当时，紧张的欧洲战场对飞机、坦克、枪炮、弹药、食品等物资的大量需求给美国国防部的后勤人员提出了考验：如何组织调配和发送这些物资并充分利用国内相对有限的生产资源。与 Physical Distribution 相比，Logistics 是物流的全过程，包括原材料采购，生产过程中的运输、保管和信息处理，全面、系统地考虑经济效益和运行效率等问题，使物流的概念从深度和广度上都得到了升华。

3．我国对物流的定义

物流是指物品从供应地向接收地的实体流动过程，并根据需要，将运输、储存、装卸、搬运、包装、流通加工、配送、信息处理等基本功能有机结合。

（二）现代物流的发展

物流的概念从提出到现在，其形式与内涵在实践中不断得到丰富和完善，并不断地推动着传统物流向现代物流转变。从 20 世纪 60 年代开始，现代物流的形成经历了 3 个阶段。

1．**第一阶段——运输管理阶段**

在这个阶段，物流管理主要针对企业的配送，也就是在产品生产出来以后，如何高效地经过配送中心把产品送到客户处，并尽可能维持最低的库存量。在这个初级阶段，物流管理只是在既定数量的产品生产出来后，被动地去迎合客户的需求，将产品运送到客户指定的地点，在运输的领域内实现资源最优化使用，合理配置各配送中心的库存量。确切地说，这一阶段的物流管理并未真正出现，出现的只是运输管理、仓储管理和库存管理。

2．**第二阶段——物流管理阶段**

在这个阶段，物流管理的范围扩展到除运输外的需求预测、采购、生产计划、存货管理、配送与客户服务等系统化管理和运作，达到整体效益的最大化。一个典型的制造企业，其需求预测、采购和原材料运输环节通常称为进向物流；而配送与客户服务环节称为出向物流。物流管理的关键则是系统管理从原材料到制成品的整个流程，以保证在最少的存货条件下，物料畅通地买进、运入、加工、运出并交付到客户手中。如图 1-1-1 所示为物流中心。

图 1-1-1　物流中心

3．**第三阶段——供应链管理阶段**

随着全球一体化进程的推进，企业分工越来越细，各大生产企业纷纷外包零部件的生产，把低技术、劳动密集型的零部件生产转移到劳动力廉价的国家。以美国的通用、福特等车厂为例：一辆车上的几千个零部件可能产自十几个不同的国家，涉及几百个不同的供应商。这种生产模式给物流管理提出了新课题：如何在维持最低库存量的前提下，保证所有零部件都能够按时、按质、按量以最低的成本供应给装配厂，并将成品运送到每个分销商。这已经远远超出一个企业的管理范围，它要求与各级供应商、分销商建立紧密的合作关系，共享信息、精准配合、集成跨企业供应链上的关键商业流程，才能保证整个流程的畅通。只有实施有效的供应链管理，才可达到同一供应链上企业间协同作用的最大化。这个阶段，市场竞争已从企业与企业的竞争转化到供应链与供应链的竞争。

（三）现代物流的分类

为了更好地研究物流，有必要对物流进行适当的分类。

1．按物流系统的性质分类

（1）行业物流。同一行业中所有企业的物流统称为行业物流。虽然同一行业中的各企业在市场上是竞争对手，但在物流领域中必须互相协作，共同促进行业物流系统的合理化发展。行业物流系统化可使各参与企业都获得收益。

（2）社会物流。社会物流是指在流通领域所发生的物流，是全社会物流的整体，有人称之为大物流或宏观物流。社会物流是伴随着商业贸易活动产生的，物流过程和所有权是更迭的和相关的。物流科学主要的研究对象是社会物流，它是国民经济的命脉。流通网络分布的合理性、渠道的畅通性至关重要，必须进行科学管理和有效控制，采用先进的技术手段，以保证其高效率、低成本运行，这样才可以带来巨大的经济效益和社会效益。

（3）企业物流。企业物流是指在企业范围内进行的相关物流活动的总称。企业是为社会提供产品或服务的一个经济实体。例如，一个工厂要购进原材料，经过若干道工序的加工，形成产品销售出去；一个运输公司要按客户要求将货物运送到指定地点。

2．按物流系统的作用分类

（1）采购物流。采购物流是指原材料、零部件从供货方送到作为购买方的制造企业的过程中所发生的物流活动。

（2）生产物流（见图 1-1-2）。在制造业中，从工厂的原材料购进入库起，直到工厂成品库的成品发出为止，这一全过程的物流活动称为生产物流。生产物流是制造产品的工厂企业所特有的，它和生产流程同步。原材料、半成品等按照工艺流程在各个加工点之间不停地移动、流转形成了生产物流，若生产物流中断，生产过程也将随之停顿。

图 1-1-2　生产物流

（3）供应物流。供应物流是指提供原材料、零部件或其他物料时所发生的物流活动，也就是生产企业、流通企业或消费者购入原材料、零部件或配套件的物流过程。对生产企业而言，供应物流是指生产活动所需要的原材料、零部件在采购供应过程中发生的物流活动；对流通企业而言，供应物流是指交易活动中从买方角度出发的交易行为中所发生的物流活动；对消费者而言，是指交易活动中从商家角度出发的交易行为中所发生的物流活动。

（4）销售物流。生产企业、流通企业售出产品或商品的物流过程称为销售物流，主要是指物资的生产者或持有者到客户或消费者之间的物流。对于工厂而言，销售物流是指售出产品；而在流通领域，销售物流是指交易活动中从卖方角度出发的交易行为中所发生的物流活动。通过销售物流，企业得以回收资金，并进行再生产活动。销售物流的效果关系到企业的存在价值是否被社会承认。销售物流的成本在产品及商品的最终价格中占有一定的比例。因此，在市场经济中为了增强企业的竞争力，销售物流的合理化可以起到立竿见影的效果。

（5）废弃物物流。废弃物物流是指将经济活动或人民生活中失去原有使用价值的物品，根据实际需要进行收集、分类、加工、包装、搬运、储存等，并分送到专门处理场所的物流活动，包括生产、流通、消费过程中产生的各种废弃物所涉及的物流活动。例如，开采矿山时产生的土石，炼钢生产中的钢渣、工业废水，以及其他一些无机垃圾等，如果不妥善处理会造成环境污染，如果就地堆放会占用生产用地，妨碍生产。对这类物资的处理过程产生了废弃物物流。城市垃圾的处理是城市废弃物物流的重要形式。对废弃物进行处理，主要考虑它所具有的不可忽视的社会效益。

（6）回收物流（见图 1-1-3）。在生产及流通活动中有一些物品是要回收并加以再利用的，如作为包装容器的塑料筐、纸箱、酒瓶，建筑行业的脚手架；还有可用杂物的回收分类和再加工，如旧报纸、书籍通过回收、分类可以再制成纸浆加以利用，尤其是金属废弃物，金属具有良好的可再生性，可以回收并重新熔炼成有用的原材料。因为回收物资品种繁多，流通渠道也不规则，所以管理难度较大。

图 1-1-3　回收物流

3．按物流活动的范围分类

（1）国际物流。国际物流是指跨越不同国家（地区）之间的物流活动，包括两国或多国之间开展的物流活动。全球经济一体化使国与国之间的经济交流、原材料与成品的流通越来越频繁，对物流的需求和依赖性也日益显现。国际物流是伴随着国际贸易和国家之间经济的合作与分工出现的，并随着经济全球化的发展而发展，其重要程度日益增大。

（2）国内物流。国内物流是指以一个国家为对象，研究在一个国家内进行的物流问题。

国家或相当于国家的拥有自己领土和领空权的政治经济实体所制定的各项计划、法令政策都应该为其整体利益服务。物流作为国民经济的一个重要方面，必须纳入国家总体规划，以更好地为国家经济的发展服务。

（3）地区物流。地区物流的划分主要有以下原则。

① 按行政区域划分，如西南地区、河北地区等。

② 按经济圈划分，如苏（州）（无）锡常（州）经济区、黑龙江边境贸易区等。

③ 按地理位置划分，如长江三角洲地区、环渤海地区等。

地区物流系统对于提高该地区企业物流活动的效率和保障当地居民的生活环境具有不可缺少的作用。研究地区物流应根据地区的特点，从本地区的利益出发组织好物流活动。如某城市建设一个大型物流中心，这对提高当地的物流效率、降低物流成本、稳定物价具有重要意义。

综上所述，可以从不同角度对物流系统进行分类，分类的目的是便于研究和分析其活动规律，将相应范围内组织实施的物流活动合理化。

（四）现代物流的基本职能与作用

物流的基本职能是指物流活动特有的、区别于其他经济活动的职责和功能。现代物流的基本职能是进行商品实体定向运动。这是物流的共性，不管是哪一种社会形态，只要有商品交换存在，商流和物流就必然会发生。从总体上来说，物流的基本职能是从事商品实体运动，与商品的使用价值运动有关。因此，建立和健全必要的储存、运输基础设施是发挥物流职能的前提条件。在此基础上，物流总体功能通过商品运输、流通加工、储存、包装、配送、装卸搬运及与此有密切关联的物流信息职能的发挥体现出来。

1. 运输职能

由于商品生产地与销售地之间存在着一定的距离（如有的商品在甲地生产，在乙地消费；有的商品在国外生产，在国内消费；有的商品在农村生产，在城市消费），所以要使消费者买到所需商品，就必须使商品从生产地到达销售地，这一职能只有通过商品运输才能实现。物流的运输职能创造着物流的空间效用，是物流的核心。物流运输如图 1-1-4 所示。

图 1-1-4　物流运输

2. 流通加工职能

由于商品产销方式的不同，生产性消费一般要求大包装、单规格、单花色、散装件，而个人生活消费则需要商品小包装、分规格、多花色、组合件等，这就需要在流通中进行必要的流通加工，从而适应商品销售的需要。

3．储存职能

商品生产与商品消费存在着时间上的不均衡。农副产品大多是季节性生产，常年消费；日用工业品大多是集中生产，分散消费。这就使商品流通的连续进行存在着时间上的矛盾。要克服这个矛盾，必须依靠商业储存来发挥作用。通过商业储存，可保证商品流通连续、均衡、顺畅地进行，也可使商品持续充足地流向市场。储存职能创造着物流的时间效用，是物流的支柱。

4．包装职能

要使商品实体在物流中通过运输、储存环节顺利地到达消费者手中，就必须保证商品的使用价值完好无损。所以，商品包装职能十分重要。合适的商品包装可以维护商品的内在质量和外观质量，使商品在一定条件下不因外在因素影响而被破坏或散失，保障物流活动的顺利进行。包装职能是运输职能、储存职能得以发挥的条件。

5．配送职能

配送是指按客户的订货要求，在物流中心进行分货、配货工作，并将配好的货物送交收货人。配送在整个物流过程中的重要性应与运输、流通加工、储存等并列，是物流的基本职能之一。它与运输职能的区别在于，在商品由其生产地通过地区配送中心发送给客户的过程中，商品由生产地至配送中心的空间转移称为“运输”，商品从配送中心到客户之间的空间转移则称为“配送”。而配送职能又不同于一般的流通加工职能，其采取配送方式，通过增大订货批量实现低价进货，又通过将用户所需的各种商品配备好，集中起来向用户发货，以及将多个用户的小批量商品集中起来进行一次发货等方式，来提高物流的经济效益。

6．装卸搬运职能

装卸搬运是指在某一物流节点范围内进行的、以改变物料的存放状态和空间位置为主要内容和目的的活动，如图 1-1-5 所示。装卸搬运活动是不断出现和反复进行的，它出现的频率高于其他各项物流活动，并且每次装卸活动都要花费很长时间，所以往往是决定物流速度的关键。装卸搬运活动所消耗的人力也很多，所以装卸搬运费用在物流成本中所占的比重也较高。

图 1-1-5　装卸搬运

7．信息职能

如果把一个企业的物流活动看成一个系统的话，那么这个系统就包括两个子系统：一个是作业子系统，包括上述运输、流通加工、储存、包装、配送、装卸搬运等具体的作业功能；另一个是信息子系统，它是作业子系统的神经系统。企业物流活动状况要及时收集，商流和物流之间要经常互通信息，各种物流职能要相互衔接，这些都要靠物流的信息职能来完成。物流的信息职能是由于物流管理活动的需要而产生的，它的功能是保证作业子系统的各项职能协调一致地发挥作用。

（五）现代物流在国民经济中的主要作用

物流是伴随着商品流通的产生而出现的，并且自始至终构成商品形态变化这一形式下的物质内容，其作用主要表现在以下几个方面。

1．物流是保证商流顺畅进行、实现商品价值和使用价值的物质基础

在商品流通中，商流的目的在于交换商品的所有权（包括支配权和使用权），而物流才是商品交换过程所要解决的社会物质变换过程的具体体现。没有物流过程，也就无法完成商品的流通过程，进而包含在商品中的价值和使用价值就不能实现。物流能力的大小，包括运输、流通加工、储存、包装、配送、装卸搬运等能力的强弱，直接决定着商品流通的规模和速度，间接影响着企业的很多其他活动（见图 1-1-6）。如果物流能力过小，整个商品流通过程就会不顺畅，不能适应整个经济发展的客观要求，从而大大影响国民经济的协调、稳定、持续增长。所以，自古以来，强调“货畅其流”是很有道理的。

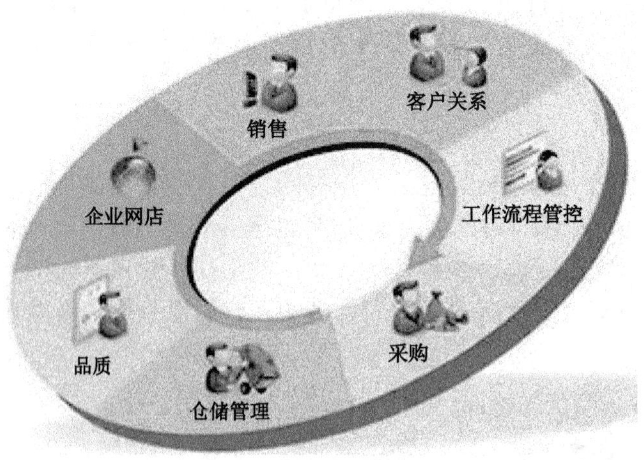

图 1-1-6　物流会影响企业的其他活动

2．物流直接制约社会生产力要素的合理流动及社会资源的利用程度和水平

物流在很大程度上决定着商品生产的发展和产品的商品化程度。由于商品具有二重性，加上使用价值是价值的物质承担者这一基本特征，使商品的流通范围和流通时间在很大程度上受到商品使用价值本身特性的强烈制约，从而对商品生产的增长速度和产品的商品化过程起着决定性作用。例如水果保鲜，在高水平的储存技术没有解决以前，水果的流通时间受到很大的限制，特别是某些易腐烂的水果，其保管期较短，从而对流通的范围和速度提出近乎苛刻的制约条件，这时水果生产的增长速度和商品化程度由物流状况决定。另外，

还可以从我国农村的商品生产中列举很多产品的商品化程度要由物流状况来决定的例子。例如，很多农副土特产品在运输问题没有得到很好的解决之前，只能白白地烂掉或者全部被生产者自己所消费，而无法转化为商品进入流通过程。这就说明因物流条件的限制而使资源优势无法转化为商品优势进入流通过程，而且物流的组织状况已经构成制约生产发展和产品的商品化程度的决定性条件之一。

3．物流状况直接制约宏观经济效益和微观经济效益

在当前市场经济条件下，物流费用在成本中的比例越来越高，物流状况越来越成为决定生产成本和流通成本高低的主要因素。一些发达国家如美国、日本等，通过对各种商品的物流费用及其在零售价格构成中的比重分析，可看到物流存在的巨大潜力。物流被视为同人力、物力这两个利润来源并列的“第三利润源”，被视为“降低成本的最后边界”。从我国的情况来看，商业企业的物流费用占流通费用支出的30%～50%。具体到某些商品（如化肥、燃料等），物流费用所占的比重更大。商品在物流过程中的损失是十分惊人的，据不完全统计，每年全国的物流损失超百亿元。这不仅体现了物流对宏观经济效益和微观经济效益的影响程度，也体现了组织好物流的必要性和紧迫性。

4．物流是开拓市场的物质基础，决定着市场的发展

从市场发展史来看，商品运输方式的变革为近代世界市场的开拓创造了物质前提，16世纪以前，原始的商品运输工具和运输方式难以发展国内贸易，海上贸易也很难进行，导致国际市场难以扩大。16世纪以后，商品运输工具的改善和新航线的发现促进了世界市场的迅速发展。在当代，物流状况直接影响着市场上商品的供应状况，并且直接制约着消费者需求的满足程度。

综上所述，物流在国民经济中占据重要位置，更好地发挥物流的职能，可对加速现代化建设起到重要作用。

（六）现代物流行业的基本性质

1．物流行业是国民经济的基础产业和支柱产业

物流行业通过输送各种物品，使生产者获得原材料、燃料、零配件，以保证生产过程正常进行，又将产品运送给不同需求者，使这些需求者的生产、生活得以正常进行。

2．物流行业是生产性服务业

物流活动是生产活动的组成部分，是生产过程在流通领域的继续。物流产业以生产制造、流通、居民消费等产业为服务对象，其本身并不提供物质产品，而是为消费者提供专业化服务。

（七）现代物流行业的主体

物流行业的主体主要有交通运输业、储运业、货运代理业、第三方物流业等，其中，第三方物流是社会化分工和现代物流发展的方向。具体如下。

1．铁路货运业

铁路货运业包括与铁路运送有关的装卸、储运、搬运等，在物流概念中属于运输范畴的活动。铁路货运业从事的业务有整车运输业务、集装箱运输业务、混载货物运输业务和行李货物运输业务 4 类。

2．汽车货运业

在我国，汽车货运业有特殊汽车货运和一般汽车货运两种。特殊汽车货运是专运长、大、重或危险品、特殊物品的汽车货运，一般汽车货运主要是普通货物的长途或区域内货运。汽车货运业在许多领域是附属在其他行业之下的，不自成行业，不独立核算。

3．远洋货运业

远洋货运业是指从事海上长途货物运输的海洋运输业，业务活动以船舶运输为中心，包含港湾装卸和运输、保管等（见图 1-1-7）。

图 1-1-7　远洋运输

4．沿海船运业

沿海船运业主要从事近海/沿海的海运业务。

5．内河船运业

内河船运业是在内河水道从事船舶货运的行业。远洋货运、沿海船运及内河船运 3 种运输形式使用的船舶吨位、技术性能、管理方式都有所区别，因而各自形成独立的行业。

6．航空货运业

航空货运业又可分为航空货运业和航空货运代理业，前者直接接受货运委托，后者是中间人行业，受货主委托，代办航空货运。航空货运业的主要业务有国际航空货运、国内航空货运、快运、包机运输等。

7．集装箱联运业

集装箱联运业专门办理集装箱联运业务，可以为货主完成各种运输方式的联合运输，并组织集装箱“门到门”运输、集装箱回运等。

8．仓库业

仓库业是以出租仓库货位或全部仓库用于存货为主要业务的行业，包括代存、代储、自营仓储。

9．储运业

储运业是以储存为主体的兼有多种职能、包含某些和储存联系密切的运输行业。我国储运业有五大类，即军队储运业、物资储运业、粮食储运业、商业储运业及乡镇储运业。

10．托运业

托运业代办各种小量、零担货物运输，代办包装。

11．货运代理业

货运代理业是以代办大规模、大批量货物承运代理、报关、运输为主要业务的行业。

12．起重装卸业

起重装卸业是以大件、笨重货物装卸、安装及搬运为主要业务的行业。

13．快递业

快递业是以承接并组织快运快送服务为主要业务的行业。

14．第三方物流业

第三方物流业是接受委托进行物流全程、物流某些环节或供应链物流服务的行业。第三方物流业是现代物流领域的新兴行业（见图 1-1-8）。

图 1-1-8　第三方物流

任务 2　电子商务物流配送知识

一、任务导入

随着业务量的增加，王嘉玲遇到了物流配送跟不上企业快速发展的瓶颈，物流配送质量直接影响到销售量。那么，物流配送是什么呢？怎样才能做好物流配送？王嘉玲深刻认识到只有学好物流配送的相关知识才能做好配送服务。

二、任务分析

近年来，随着电子商务环境的改善以及电子商务所具备的巨大优势，电子商务受到企业的高度重视。然而在众多的电子商务企业中，大多数存在物流配送问题，并且物流配送已经成为制约我国电子商务快速发展的重要因素，如果没有一个高效、合理、畅通的物流系统，电子商务的优势就难以得到有效发挥。所以，如何建立一个高效率、低成本运行的物流配送体系来保证电子商务的畅通发展，已成为电子商务企业普遍重视的问题。

三、知识百宝箱

（一）电子商务物流配送概述

1. 电子商务物流配送的概念

电子商务物流配送是指企业采用网络化的计算机技术和现代化的硬件设备、软件系统及先进的管理手段，针对客户需求，进行一系列分类、编码、整理、配货等工作，并定时、定点、保质保量地将货物交给客户的一种新型物流配送方式。如图 1-2-1 所示为电子商务物流配送流程。

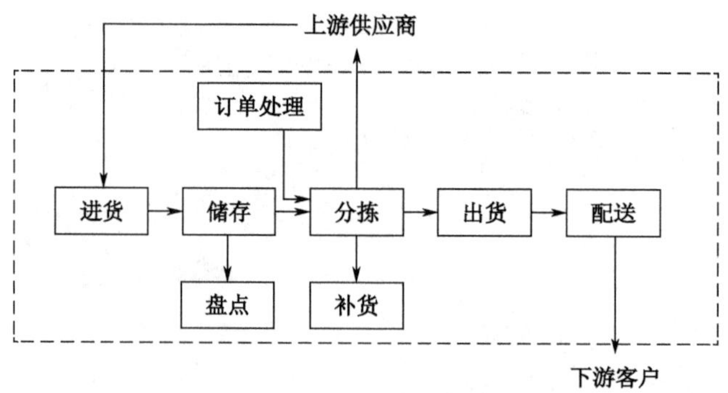

图 1-2-1　电子商务物流配送流程

由于电子商务物流配送强调在配送中应用电子商务技术，因此比传统配送方式更容易实现信息化、自动化、现代化、智能化、合理化和便捷化。电子商务物流配送既能够以更低的配送成本完成更多的配送任务，能减少库存，加速资金周转，为客户提供更好的服务，还能降低整个社会的物流费用，促进经济发展。

《物流术语》(GB/T18354—2006）中，配送的定义如下：在经济合理区域范围内，根据客户要求，对物品进行拣选、加工、包装、分割、组配等作业，并按时送达指定地点的物流活动。配送包含了物流的若干功能要素，是物流中的一种特殊的、综合的活动形式，是商流与物流的结合，是以社会分工为基础，具备综合性和完善性的一种现代化送货活动。在现代电子商务中，尤其是对多品种、小批量、多批次、多用户、高频率的物流服务需要，电子商务企业必须对配送资源进行科学合理的配置，以降低配送成本，提高效率，更好地满足客户的需求。

2. 电子商务物流配送的特点

在电子商务发展越来越迅速的情况下，B2C、C2C 等对物流配送的要求越来越高。在电子商务条件下，物流的各种职能及功能可以通过虚拟化的方式表现出来，人们可以通过各种组合方式，寻求物流模式的合理化，使商品实体在实际的流动过程中达到效率最高、费用最省、距离最短、时间最少的物流目标。电子商务物流配送的一般模式如图 1-2-2 所示。

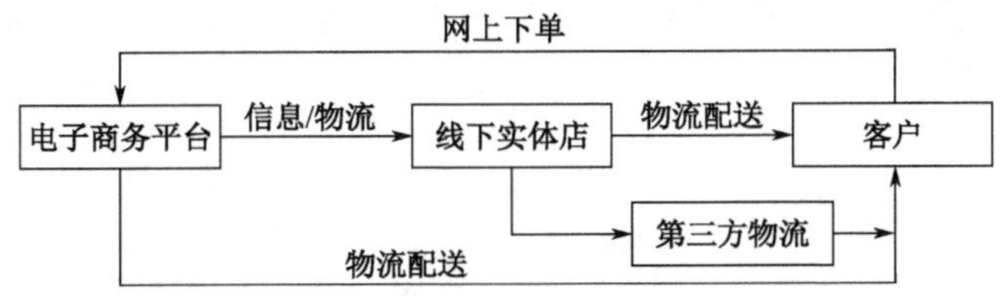

图 1-2-2 一般电子商务物流配送模式

与传统的物流配送方式相比，电子商务物流配送具有以下特点。

（1）信息化。电子商务时代，物流信息化是电子商务的必然要求。物流信息化表现为物流信息的商品化、物流信息收集的数据库化和代码化、物流信息处理的电子化和计算机化、物流信息传递的标准化和实时化、物流信息存储的数字化等。通过网络使物流配送信息化、实行信息化管理是新型物流配送的基本特征，也是实现现代化和社会化的前提保证。

（2）网络化。将物流企业、制造业、商业企业、客户通过互联网等现代信息技术连接而成的电子商务物流配送信息网如图 1-2-3 所示。电子商务物流配送要根据市场情况和现有的运输条件，合理布局各种物流设施和配送中心的数量及地点，形成覆盖全国的物流配送网络体系。配送业务运营商与客户均可通过共享信息平台获取相应的配送信息，从而最大限度地减少各方之间的信息不对称。

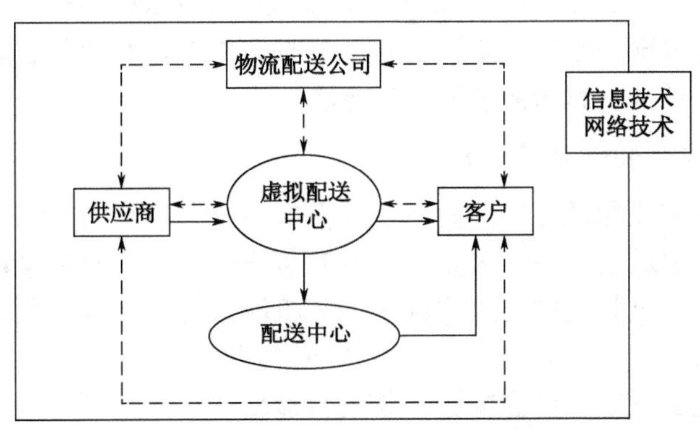

图 1-2-3 电子商务物流配送信息网

（3）智能化。电子商务物流配送必须采用先进的技术为企业提供服务，这些技术包括条码、语音、射频自动识别系统、自动分拣系统、自动存取系统、自动导向系统、货物自动跟踪系统等，只有采用现代化的配送设施才能提高配送的反应速度，缩短配送的时间。物流的智能化已成为电子商务环境下物流业发展的趋势。

（4）社会化。社会化程度的高低是区别新型物流配送和传统物流配送的一个重要特征。专业化分工明确，可减少资源和时间的浪费，达到少库存和零库存的目的。发展社会化物流配送所带来的经济效益和成本效益是相当巨大的，这有利于在流通领域应用计算机技术，发展电子商务，从而有利于流通领域的现代化。

（5）实时化。在实现了配送过程实时管理，配送要素数字化、代码化之后，电子商务物流配送突破了时空制约，配送业务运营商与客户均可通过共享信息平台获取相应的配送信息，从而可最大限度地减少各方之间的信息不对称，也可有效地缩小配送活动中的不确定性与环节间衔接的不确定性，打破以往配送途中的“失控”状态，做到全程“监控配送”（见图 1-2-4）。

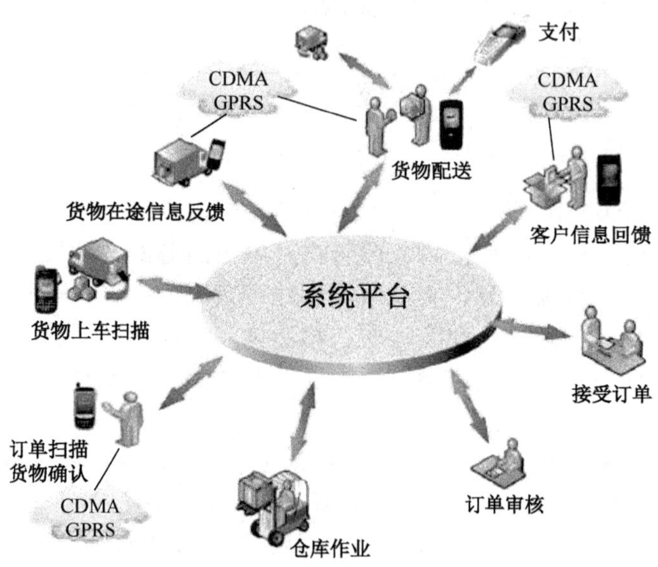

图 1-2-4　电子商务物流配送系统

（6）延伸化。电子商务物流配送向上游可延伸到市场调研与预测、采购及订单处理，向下游可延伸到物流咨询、物流方案的选择和规划、库存控制决策、物流教育与培训等附加功能，从而为客户提供更具增值性的物流服务。

3．电子商务对传统物流配送的影响

目前，电子商务物流配送已经成为电子商务发展过程中不可或缺甚至影响发展的重要内容。在传统的物流配送企业中，大量的人都在从事简单的重复劳动；而在网络化管理的新型物流配送企业中，这些机械的工作都由计算机网络完成。具体而言，电子商务对传统物流配送的主要影响如下。

（1）对传统物流配送观念的影响。传统的物流配送企业需要置备大面积的仓库，而新型物流配送企业将散置在各地的分属不同所有者的仓库通过网络连接起来，组成“虚拟仓库”，进行统一管理和调配，使得仓库的服务半径和货物集散空间都放大了。这样的企业在组织资源的速度、规模、效率和资源的合理配置方面都是传统的物流配送企业不可比拟的，因此相应的物流观念也必须是全新的。

（2）对业务流程的影响。网络对物流配送实施控制代替了传统的物流配送管理程序。传统的物流配送过程是由多个业务流程组成的，受人为因素和时间因素的影响很大。网络的应用有助于实现整个物流配送过程的实时监控和实时决策，业务流程均连接网络系统，如图 1-2-5 所示。当网络系统的任何一个末端收到一个需求信息的时候，该系统都可以在极短的时间内做出反应，并可以给出详细的配送计划，通知各节点开始工作。

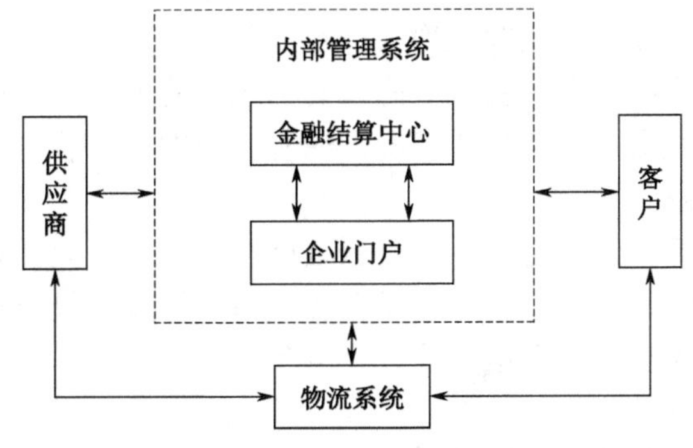

图 1-2-5 电子商务物流系统的结构

（3）对配送效率的影响。电子商务物流配送的持续时间在网络环境下会大大缩短，这对物流配送速度提出了较高的要求。在传统的物流配送管理系统中，由于信息交流的限制，完成一个配送过程的时间比较长，但这个时间随着网络系统的介入变得越来越短，因为任何有关配送的信息和资源都会通过网络管理系统在几秒钟内传送到有关节点。

（4）对配送环节的影响。网络系统的介入可简化物流配送过程。传统物流配送过程极为烦琐，而网络化的新型物流配送中心可以大大缩短这一过程。在网络系统支持下，物流配送周期会缩短，其组织方式也会发生变化；利用计算机系统进行管理可以简化整个物流配送管理过程，提高物流配送企业的竞争力。电子商务物流配送运作流程如图 1-2-6 所示。

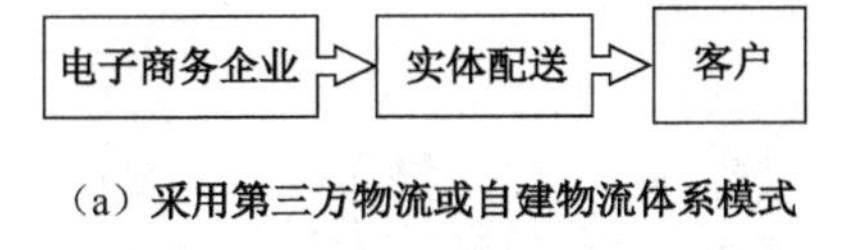

（a）采用第三方物流或自建物流体系模式

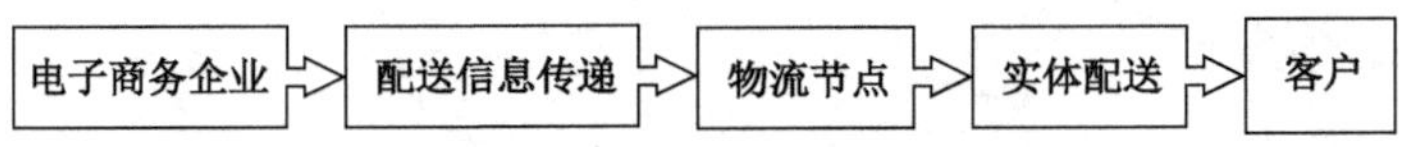

（b）采用与传统商务共用物流体系模式

图 1-2-6 电子商务物流配送运作流程

4．电子商务物流配送的意义和作用

随着科技的发展和时代的进步，人们的需求更加多样化和个性化，物流配送也随之形成和发展，越来越被重视，并对电子商务物流配送提出了更高的要求。目前，电子商务物流配送已成为企业经营活动的重要组成部分，对满足客户需求、降低生产成本和提高企业效益有重要的意义和作用，具体表现如下。

（1）有利于物流活动合理化。配送不仅能促进物流的专业化和社会化，还能以其特有的形态和优势促使物流活动向规模经济发展，形成高效率和高效益的经济活动，一方面可以以集中、完善的送货方式取代分散单一的取货方式，另一方面可以集中库存，打破流通领域的分割和封锁局面，实现社会资源的有效配置和利用。

（2）有利于完善运输过程和整个物流系统。配送环节处于支线运输阶段，其灵活性、适应性、服务性都比干线运输要好，与运输环节配合，可使运输过程得以优化和完善，与其他物流环节配合，可大大优化整个物流系统。

（3）有利于提高末端物流的效益。采取配送方式，通过大批量采购与库存来降低成本，然后通过商品集配向客户发货或向多个小批量需求客户一起发货来提高经济效益。

（4）有利于通过集中库存使企业实现低库存或零库存。配送水平的不断提高，使生产企业的低库存或零库存目标成为可能，从而有利于生产企业把主要的精力放在生产与质量上，还可减少因库存而大量占用资金的情况，改善企业的财务状况，实现集中库存，降低单位成本，达到规模效益。

（5）有利于简化事务，方便客户。客户只要向配送中心一处订货就能实现多处采购，可减少订货等一系列费用开支，进而大大减少客户的工作量，降低时间成本。

（6）有利于保证供应。采用配送方式，企业生产可得到保证，从而减少因中断供应而造成的生产经营风险。

（7）有利于为电子商务的发展提供支持。配送服务如不能与电子商务相匹配，则网上购物就不能发挥其方便快捷的优势，所以无论怎样减少流通环节，都不应弱化商品的配送，而应不断提高配送能力。

电子商务物流配送系统的作用如图 1-2-7 所示。

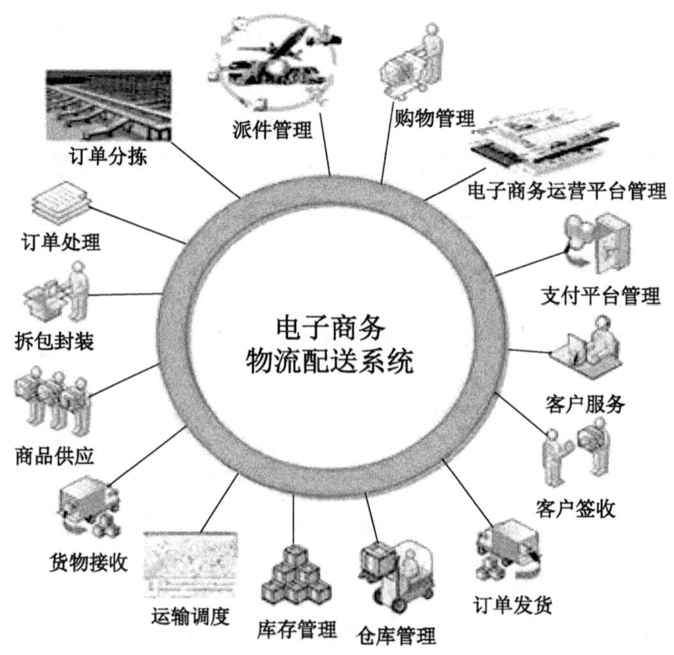

图 1-2-7　电子商务物流配送系统的作用

（二）电子商务物流配送的种类

在不同的市场环境下，为适应不同客户的需求，企业提供不同的配送服务，根据不同的分类标准，配送服务形态有所差异，且各有优势。

1. **按配送商品的种类及数量划分**（见表 1-2-1）

表 1-2-1　按配送商品的种类及数量划分

类　别	描　述	特　点
少（单）品种大批量配送	有些物资，单独一个品种或几个品种就可以凑成一个装卸单元，因而可以组成大批量配送	品种少、批量大，便于合理安排运输和制订计划，物流成本低，可收到规模效益

续表

类　别	描　述	特　点
多品种小批量配送	客户的需求往往存在很大的差异，导致需求的品种多、批量小，配送工作呈现多品种、小批量的状态	品种多、批量小，配送难度大，技术要求高，使用设备复杂，要求管理严格，计划周密且有灵活性
成套配送	按照生产企业和建设单位的要求，将其所需要的多种商品配备齐全后直接配送	有利于生产企业或建设单位致力于生产，加快生产进度

2．按配送时间及数量划分（见表 1-2-2）

表 1-2-2　按配送时间及数量划分

类　别	描　述	特　点
定时配送	与客户签订协议，在商定的时间内准时配送货物	方便安排工作计划和运输计划；客户方便安排接货人员和设备
定量配送	在一定的时间范围内，按规定品种和数量为客户进行货物的配送	可以充分利用集装箱和车辆能力提高作业效率，便于合理调度车辆；客户便于合理安排人力和物力
定时定量配送	在规定的时间内按数量为客户进行货物的配送	具备定时配送和定量配送两个特点
即时配送	按客户提出的时间要求和供货品种、数量进行货物的配送	灵活性大，组织能力和应变能力强，客户可以充分压缩库存，以趋于零库存
定时定路线配送	按运行时间表，在规定的线路上进行货物的配送	同时为多客户配送，运输工具得到充分利用，方便送货和接货的安排

（三）促进电子商务物流配送的发展对策

根据我国电子商务物流配送体系的现状，能否建立和完善电子商务背景下的物流配送体系将直接关系到电子商务的发展速度。从现实情况考虑，企业在构建电子商务物流配送体系时可采取如下对策。

（1）建立具有系统性的信息化平台。电子商务背景下，任何一种物流配送模式都离不开信息化平台，而配送模式的整合创新更离不开信息化平台，因此，供应链条与配送链条上的任何一个主体都应重视信息化平台的功能开发与应用，把握好每种物流配送模式的关键点。

（2）构建电子商务物流配送的网络体系。开展高效的电子商务物流配送活动离不开高效的配送网络支撑，物流网络的效率制约着物流系统的效率。在进行电子商务物流配送系统化推进的过程中，需要着重规划实体配送网、虚拟配送网、客户营销网，只有达到“三网合一”，才能真正有效地发挥电子商务物流配送的优势。新电子商务物流系统如图 1-2-8 所示。

（3）加强电子商务物流配送软硬件建设，实现物流配送体系的现代化。物流配送设施是物流配送模式变革的主要客观条件，企业应当在条件允许的情况下不断完善物流配送设施，提高物流配送设施的智能化水平。建立现代化的物流配送体系，从硬件、软件两方面着手，重点做到物流配送手段机械化、自动化和现代化；物流配送管理现代化、规范化、制度化和信息化。

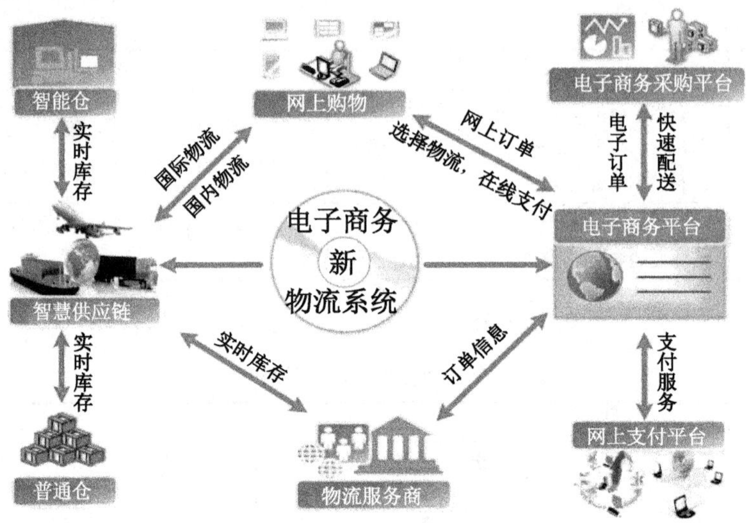

图 1-2-8　新电子商务物流系统

（4）对接物流标准化体系。随着电子商务在全球范围内展开，物流业必然跨越国界发展，而要发展国际化物流配送体系就必须实现国内物流与国际物流标准的接轨，包括物流术语标准化、物流条码标准化和物流设备标准化。因此，企业要加强对物流标准化工作的重视，重视物流配送的规范化管理。

（5）大力培养高层次的电子商务物流配送人才。电子商务背景下的物流配送更加需要复合型人才，因此企业应当加大对复合型人才的培养力度。像阿里巴巴、京东、亚马逊等这些拥有自营物流配送系统的电子商务巨头都会通过进行相应的培训来加强物流配送人员对电子商务运作模式的理解。对于中小型电子商务企业而言，它们需要严格根据自身情况制定策略，借鉴国内外成功案例，从知识结构、能力结构、年龄结构等方面不断调整配送队伍的综合实力，不要盲目照搬其他企业的人才培养模式。

近年来，我国电子商务物流配送保持较快增长趋势，企业主体多元发展，经营模式不断创新，服务能力显著提升，已成为推动电子商务发展的新动力。物流配送企业自身的网络化、信息化和物流资源的共享成为物流发展的必然趋势，数据、资源的整合成为大数据时代电子商务物流配送发展的大势所趋。现代化的物流配送体系可有效减少流通环节和流通时间，降低流通成本，从而促进电子商务的发展。但需要注意的是，物流配送是电子商务发展的瓶颈，会对电子商务发展产生巨大的影响，同时电子商务的发展也促进了物流配送的发展，二者相互促进，共同发展。

任务 3　电子商务与现代物流的关系

一、任务导入

电子商务的迅速发展引发了商品流通模式的变革。作为支持有形商品网上商务活动的现代物流，为顺应时代的发展，产生了一些新技术和新趋势。王嘉玲通过学习物流专业知识，了解到电子商务与物流息息相关，密不可分，而现代物流在电子商务环境下也随之做出了一些战略调整。那么，电子商务与现代物流的关系是什么呢？电子商务环境下的现代物流与传统物流的区别又表现在哪些方面呢？

二、任务分析

电子商务与物流关系紧密，一方面，电子商务会对物流活动产生重大影响，在电子商务不断发展的情况下，物流企业应采取新的发展策略，进而促进物流的发展；另一方面，物流对电子商务的影响不可忽视。目前，我国电子商务行业竞争明显，其制胜的关键在于客户体验，例如，京东商城作为竞争中的电子商务企业，在布局大物流的同时，从细微处着眼，推出预约配送、限时达、次日达等服务，之后又推出“异常天气自动提示”，既通过强大的物流网络保证消费者所购商品的及时配送，又在“最后一公里”的配送体验上周到地为消费者考虑。

三、知识百宝箱

（一）现代电子商务概述

1. 电子商务概述

电子商务指的是买卖双方利用简单、快捷、低成本的电子通信方式，不谋面地进行各种商贸活动。电子商务可以通过多种电子通信方式来完成。简单来说，通过打电话或发传真的方式与客户进行商贸活动，似乎也可以称为电子商务。但是，现在人们所探讨的电子商务主要是以 EDI（电子数据交换）和 Internet（因特网）的方式来完成的，尤其是随着 Internet 技术的日益成熟，电子商务的真正发展会建立在 Internet 技术上，所以也有人将电子商务简称为 IC（Internet Commerce）。

从贸易活动的角度分析，电子商务可以在多个环节实现，由此也可以将电子商务分为两个层次：较低层次的电子商务有电子商情、电子贸易、电子合同等；较完整的和较高级的电子商务是利用 Internet 进行贸易活动，即在网上实现信息流、商流、资金流和部分物流，也就是说，从通过 Internet 寻找客户开始，到洽谈、订货、在线付（收）款、开具电子发票，直到电子报关、电子纳税等都可以实现。

要实现完整的电子商务活动还会涉及很多方面，除了买家和卖家外，还要有银行或金融机构、政府机构、认证机构、配送中心等机构的加入才行。由于参与电子商务的各方在物理空间上是互不谋面的，因此整个电子商务过程并不是物理世界商务活动的翻版，网上银行、在线支付等条件和数据加密、电子签名等技术在电子商务中发挥着重要的且不可或缺的作用。

2. 电子商务交易过程中的 4 种流

电子商务交易过程一般包含 4 种基本流：商流、资金流、信息流和物流。前 3 种流均可借助 Internet 在瞬间完成，而对于物流，Internet 的实现能力十分有限。物流作为电子商务的基本要素和重要组成部分，在电子商务企业中具有举足轻重的作用，电子商务的发展对物流的要求也越来越高，因此，电子商务的成败在很大程度上取决于现代物流的发展状况。

4 种流的基本功能如图 1-3-1 所示。

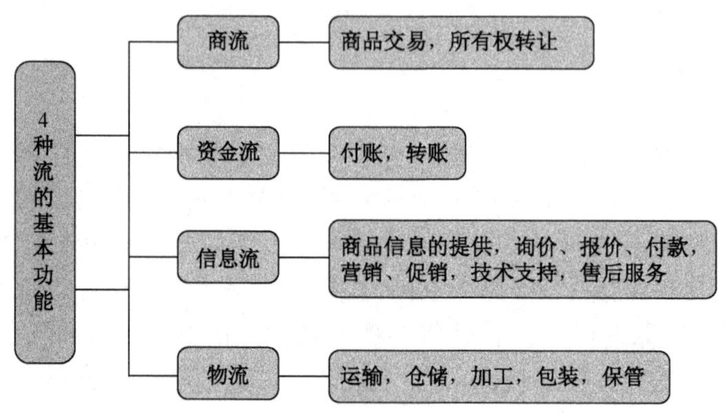

图 1-3-1　4 种流的基本功能

3．电子商务交易模式的种类

（1）B2B（Business to Business），是指商家与商家建立的商业关系。例如在麦当劳只能买到可口可乐是因为麦当劳与可口可乐企业建立了商业伙伴关系。商家建立商业伙伴关系是希望通过各自所提供的产品来形成一个互补的发展机会，这样各企业做生意都可以有利润，如阿里巴巴、慧聪网等。

B2B 模式是历史最长、发展最完善的电子商务交易模式，能迅速带来利润和回报。该模式的利润来源于相对低廉的信息成本带来的各种费用的下降，以及供应链和价值链整合的优势，贸易金额是消费者直接购买时贸易金额的 10 倍。具体应用有通过 EDI 联系会员的行业组织、基于业务链的跨行业交易集成组织、网上即时采购和供应营运商。

（2）B2C（Business to Customer/Consumer），就是供应商直接把商品卖给客户，即“商对客”模式，也就是通常说的商业零售，直接面向消费者销售产品和服务。例如消费者去麦当劳就餐就是 B2C。

B2C 网站类型主要有综合商城（产品丰富的传统商城电子商务化）、百货商店（自有库存，销售商品）、垂直商店（满足某种特定的需求）、复合品牌商店（传统品牌商的复合）、服务型网店（无形商品的交易）、导购引擎型商店（趣味购物、便利购物）、在线商品定制型商店（个性化服务、个性化需求）等。B2C 的盈利点主要是服务费、会员费、销售费、推广费等。

（3）C2C（Customer to Customer/Consumer to Consumer），客户之间自己把产品放到网上去卖，是个人与个人之间的电子商务，如淘宝、拍拍、易趣等。C2C 的主要盈利点是会员费、交易提成费、广告费、排名竞价费等。C2C 的一般运作流程如下：卖方将欲卖的货品（如二手货）登记在社群服务器上，买方通过网页服务器得到二手货资料，买方通过检查卖方的信用度后选择欲购买的二手货，通过管理交易的平台分别完成资料记录，买方与卖方进行收付款交易，通过网站的物流运送机制将货品送达买方。

（4）O2O（Online to Offline），利用线下商务的机会与互联网结合在一起，使互联网成为线下交易的前台。这样线下服务就可以通过线上来揽客，消费者可以在线上筛选服务，成交后在线结算。该模式的重要特点是推广效果可查，每笔交易可跟踪。O2O 模式的优势是充分挖掘线下资源，消费行为更易统计，服务方便，优势集中，可促使电子商务朝多元化方向发展。

（二）电子商务对现代物流业的影响

1．电子商务促进了现代物流业地位的提高

在电子商务环境下，随着大多数商店、银行虚拟化，商务事务处理信息化，企业生产柔性化，电子商务把物流业提升到了前所未有的重要位置，为其发展提供了重要的机遇。

2．电子商务改变了物流运作方式

在传统商务活动中，物流一般经过“供应商—制造商—各级批发商—零售商—最终消费者”的顺序，通过仓储、运输、配送等流程最终将产品送达消费者。在这样的流程下，物流配送渠道经由的层次多。而电子商务要求直接将产品由配送中心送达客户，既可简化运输层次，又可节约流通时间，使上下游企业的关系更为密切。

传统物流与电子商务物流的区别如图 1-3-2 所示。

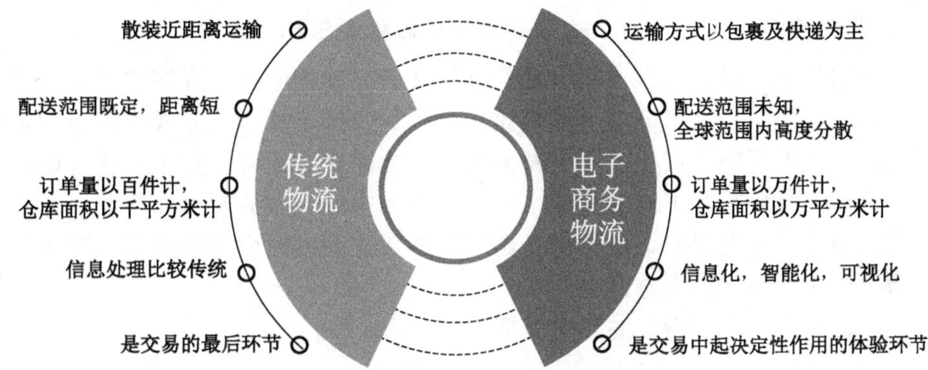

图 1-3-2　传统物流与电子商务物流的区别

3．电子商务促进了物流技术的进步

物流技术主要包括物流硬技术和物流软技术。物流硬技术是指组织物流的过程中所需要的各种材料、机械、设施等；物流软技术是指组织高效率的物流计划、管理、评价等方面的技术和管理方式。从物流环节来看，物流技术包括运输技术、保管技术、装卸技术、包装技术等。随着电子商务的飞速发展，物流技术综合了许多现代技术，如 GIS（地理信息系统）、EDI（电子数据交换）等。

案例：海尔的物料标签

海尔零部件供应商在送货时，其产品的外包装上都粘贴着符合海尔物流标准的物料标签。物料标签内容包括物料号、送货数量、订单数量、订单批号、供应商名称等，每项内容除了用数字或字母标明外，还必须配有准确的条码信息。这样海尔物流员工在收货时，通过扫描产品的物流标签就可以将信息传递到 ERP（企业资源计划）系统中，实现按单收货。同时，还能根据 ERP 采购订单信息进行自动判断，对不符合的信息自动筛选，从而避免人为因素对收货造成的干扰。

4. **电子商务对物流人才提出了更高的要求**

电子商务要求物流管理人员不仅具有较高的物流管理水平，而且具备较丰富的电子商务知识，并能在实际运作过程中将两者有机地结合起来。

（三）现代物流是实现电子商务的重要保证

1. **物流可保证生产的顺利进行**

无论是在传统的商贸方式下，还是在电子商务交易方式下，生产都是商品流通之本，而生产的顺利进行需要各类物流活动的支持。由于生产过程从原材料的采购开始，因此要求相应的供应物流活动所采购的材料运输到位：在生产的各工艺流程之间，需要原材料、半成品的物流过程，即生产物流；部分余料、可重复利用物质的回收，会产生回收物流；废弃物的处理，产生废弃物物流。

2. **物流服务于商流**

电子商务环境下，消费者通过网络购物可完成商品所有权的交割过程，但电子商务活动并未结束，只有商品和服务真正到达消费者手中，电子商务活动才告终结。在整个电子商务活动中，物流实际上是以商流的后续者和服务者的姿态出现的。

3. **物流是实现“以消费者为中心”服务理念的根本保证**

电子商务的出现，可最大限度地方便最终消费者。他们不必到拥挤的商业街挑选自己所需的商品，而只要坐在家里，通过网络浏览、查看、挑选就可以完成购物活动。但如果消费者所购商品迟迟不能出货，或商家发来的商品非消费者所购，那么消费者还会在此购物吗？优质的物流服务是电子商务实现“以消费者为中心”服务理念的最终保证，如果缺少现代化物流技术与管理手段，电子商务给消费者带来的便捷度就等于零，消费者必然转向他们认为更可靠的传统购物方式上。

具体来讲，物流与电子商务的联系如图 1-3-3 所示。

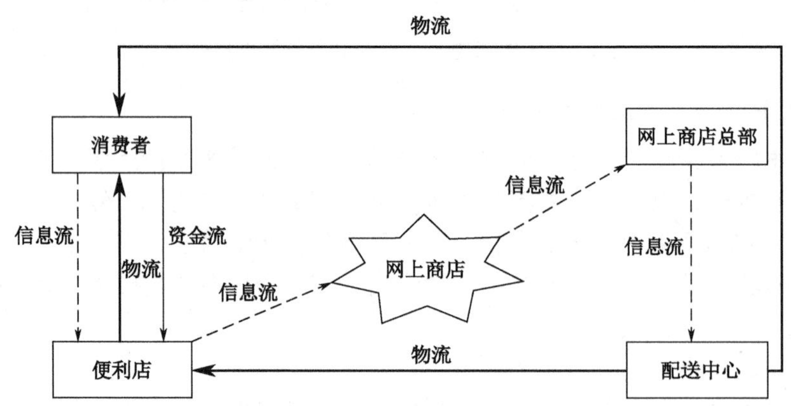

图 1-3-3　物流与电子商务的联系

案例：京东物流

截至 2020 年 3 月 31 日，京东物流在全国运营超过 730 个仓库，包括京东物流管理的云仓面积在内，京东物流运营管理的仓储总面积约为 1700 万平方米。

依托京东物流，公司的配送提供极速达、夜间配、211 限时达、定时达、上门自提等多种模式，以满足消费者不同的配送需求。而在配送效率方面，京东极速达可在北京、上海、广州、成都等区域实现 3 小时送达；211 限时达可实现当天上午 11:00 提交的订单当日送达，23:00 前提交的订单次日 15:00 前送达。良好的配送体验可极大地提升消费者的购物体验。京东物流事无巨细、处处以用户体验为先的服务值得电子商务企业借鉴学习。

项目总结

本项目通过介绍现代物流基础知识、电子商务物流配送知识，以及电子商务与现代物流的关系，让读者了解和熟悉物流的基本概念及行业现状，熟悉物流的关键要素，了解电子商务与物流的关系，熟悉电子商务物流配送的概念及流程，以及日常生活中的物流现象，同时，能够初步确定网店的物流业务范畴，能够初步构建网店的配送业务等，通过实践完成电子商务物流相关业务的基础知识构建。

项目二

物流配送运作模式与配送技术

项目情境设计

电子商务的快速发展极大地冲击了实体经营的生意，佳美优公司如何将网店的商品准确地配送到消费者手中呢？商品从卖家到买家可采取哪些方式呢？公司可采取哪些措施，使得既能提高配送效率又能控制配送成本呢？

项目目标

知识目标： 了解配送中心的作业模式；掌握配送作业方式的特点；知晓配送成本的构成；了解常见的物流配送技术；了解智能化物流中心的情况。

能力目标： 能分析典型的企业配送运作模式；了解配送的信息化技术，通过配送技术将货物入库/出库等内容。

项目分析

物流配送是电子商务活动中必有的环节，由于电子商务的迅速发展，消费者通过电商平台购物的数量和种类越来越多，那么如何才能将商品安全、迅速、准确地送到消费者手中呢？下面，我们就一起来认识物流配送的作业模式、成本及智能化物流中心的配送技术吧！

任务 1 物流配送基本作业的主要模式

一、任务导入

配送是从物流节点到客户的一种特殊送货形式。社会生活中存在许多配送现象，如面向家庭、学校、写字楼的纯净水配送，面向居民的液化气、粮油配送，连锁经营的便利店总部对各个加盟连锁店铺的商品配送，汽车制造企业的零部件和组件的配送等。配送模式是企业对配送所采取的基本战略和方法。

以佳美优公司为例，常见的物流配送基本作业的模式有哪些呢？如何选择合适的物流配送模式呢？

二、任务分析

电子商务企业要解决商品配送到消费者手中的“最后一公里”，就需要考虑物流配送基本作业的各种模式及其利弊。

三、知识百宝箱

（一）主要配送模式

1．自营配送模式

自营配送模式是指企业物流配送的各个环节由企业自身筹建并组织管理，实现企业内部及外部货物配送的模式。

一般而言，采取自营配送模式的企业大都是规模较大的集团公司。

2．共同配送模式

共同配送模式是物流配送企业之间为了提高配送效率及实现配送合理化所建立的一种功能互补的配送联合体。共同配送的核心在于充实和强化配送的功能，提高配送效率，实现配送的合理化和系统化。共同配送的一般运作流程如图 2-1-1 所示。

3．互用配送模式

互用配送模式是几个企业为了各自的利益，以契约的形式达成某种协议，互用各方的配送系统进行货物配送的模式。其优点在于企业不需要投入较大的资金和人力就可以扩大自身的配送规模和范围，但需要企业有较高的管理水平以及与相关企业进行组织协调的能力，比较适合 B2B 交易模式。互用配送模式的基本形式如图 2-1-2 所示。

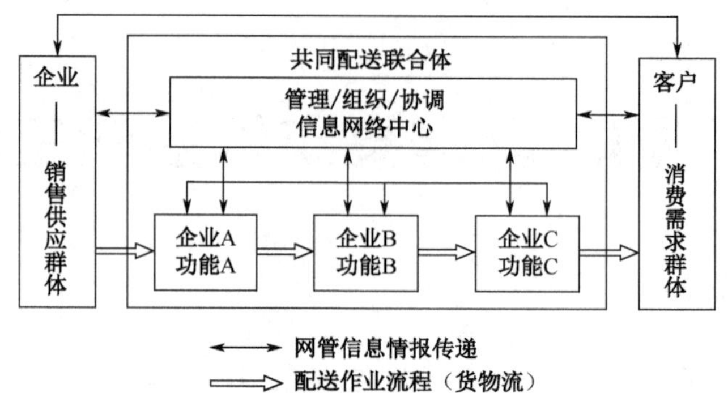

图 2-1-1　共同配送的一般运作流程

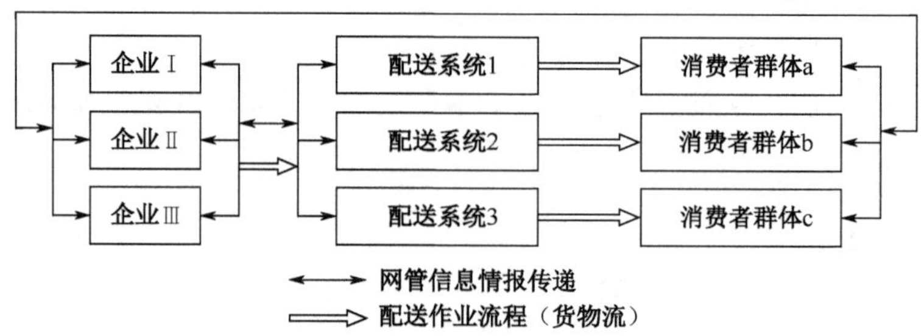

图 2-1-2　互用配送模式的基本形式

与共同配送模式相比，互用配送模式具有以下特点。

（1）共同配送模式旨在建立配送联合体，以强化配送功能为核心，为社会服务；而互用配送模式旨在提高自身的配送功能，以企业自身服务为核心。

（2）共同配送模式旨在强调联合体的共同作用，而互用配送模式旨在强调企业自身的作用。

（3）共同配送模式的稳定性较强，而互用配送模式的稳定性较差。

（4）共同配送模式的合作对象是经营配送业务的企业，而互用配送模式的合作对象既可以是经营配送业务的企业，也可以是非经营配送业务的企业。

4．第三方配送模式

第三方就是为交易双方提供部分或全部配送服务的一方。第三方配送模式是指交易双方把自己需要完成的配送业务委托给第三方来完成的一种配送运作模式，其运作方式如图 2-1-3 所示。

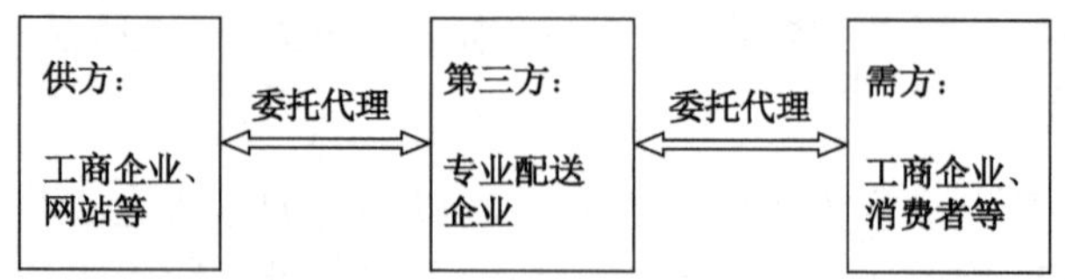

图 2-1-3　第三方配送模式的运作方式

（二）电子商务配送模式的选择

企业进行电子商务活动时，选择何种配送模式主要取决于以下几方面的因素：配送对企业的重要性、企业的配送能力、市场规模与地理范围、保证的服务及配送成本等。一般来说，配送模式的选择方法主要有以下两种。

1．经验选择法

经验选择法主要依据物流配送能力对企业的影响力，以及对企业核心竞争力的影响程度来决策。

（1）物流配送能力是否决定企业的核心竞争力。

（2）物流配送能力是否高度影响企业与客户的关系。

（3）是否有第三方物流企业能很好地胜任自己的配送业务，而且能够高度协调相关业务流程。

（4）何种物流配送模式可使企业的库存最少，以便降低商品的单位成本。

（5）考虑总投资额与投资能力。

2．矩阵图决策法

矩阵图决策法是通过两个不同因素的组合，利用矩阵图来选择配送模式的一种决策方法。该方法主要围绕物流配送对企业的重要性和企业配送能力来进行分析。具体步骤是，先选择决策因素，然后通过因素形成的不同区域或象限进行决策（见图 2-1-4）。

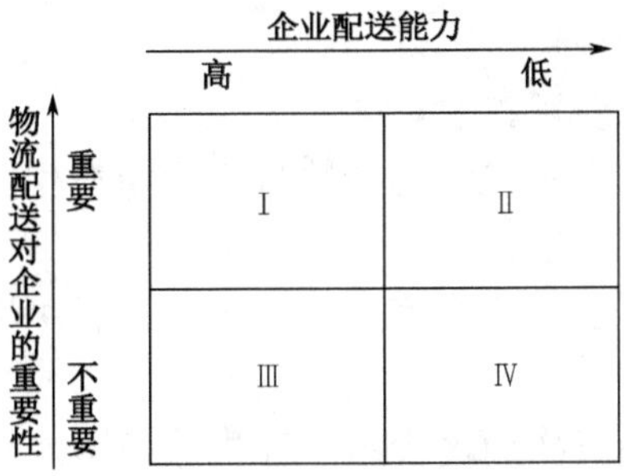

图 2-1-4　矩阵图决策法

任务 2　物流配送成本、绩效分析与合理化

一、任务导入

佳美优公司的配送中心拥有自有车辆 7 辆、外雇车辆 5 辆。6 月份共出货 6 万箱，自有车辆出车 420 车次，外雇车辆出车 150 车次，平均每次出货，自有车辆的成本为 400 元，外雇车辆的成本为 500 元，该配送中心的其他成本合计为 20 万元。该公司应该采取哪些措施，使得既能提高配送效率又能控制配送成本呢？

二、任务分析

电子商务物流配送合理，既能加速商品流通、减少商品损耗，又能提高企业的经济效益。从物流成本上看，配送成本占物流总成本的比例最大，为 35%～60%。因此，降低配送成本有利于降低物流成本，配送成本的合理化对电子商务物流具有重要意义。

三、知识百宝箱

（一）物流配送成本的构成

1．物流配送成本的概念

配送是物流企业重要的作业环节，是指在经济合理区域范围内，根据客户要求，对物品进行拣选、加工、包装、分割、组配等作业，并按时送达指定地点的物流活动。只有通过配送，物流活动才得以最终实现。完成配送活动付出的代价就是物流配送成本。

2．物流配送成本的主要构成

物流配送成本主要由以下费用构成。

（1）配送运输费用：配送车辆在配送货物过程中所发生的各种车辆费用和配送间接费用，包括车辆费用、配送间接费用。

（2）分拣费用：分拣机械及人工在完成货物分拣过程中所发生的各种费用，包括分拣的直接费用和间接费用。

（3）配装费用：完成配装货物的过程中所发生的费用，包括直接费用和间接费用。

（4）流通加工费用：包括流通加工设备费用、流通加工材料费用、流通加工劳务费用及流通加工其他费用。

（二）物流配送成本的控制方法

物流配送成本的控制方法包括加强配送的计划性、确定合理的配送路线、进行合理的车辆配载、量力而行建立物流管理信息系统。

（三）配送合理化及其技术指标

配送合理化是指在整个物流系统中充分利用现有时间、财务和环境资源，以最佳的运输方式、路线，最低的成本，最高的质量来实现配送的功能，达到物流最优化。配送合理化技术指标如下。

（1）库存标志（库存总量及库存的周转速度）。

（2）资金标志（资金占用及周转速度）。

（3）成本和效益（投入产出比）。

（4）客户满意程度（缺货次数、配送的速度及灵活性）。

任务 3 物流配送技术

一、任务导入

目前，越来越多的人都热衷于网购了，那么卖家将货物交给物流公司之后，物流公司该如何将货物运送到消费者手中呢？

二、任务分析

网购的货物怎样才能精准地送达消费者手中？在配送的过程中应用了哪些技术？车辆装货时应用了哪些技术？

三、知识百宝箱

（一）物流配送技术

1．直达式配送

直达式配送是指由一个供应点对一个客户的专门送货，从物流优化的角度看，直达式配送的基本条件是其需求量接近或大于可用车辆的额定载重量，需专门派一辆或多辆车一次或多次送货。

2．分送式配送

分送式配送是指由一个供应点对多个客户的共同送货。分送式配送的基本条件是所有客户的需求量总和不大于一辆车的额定载重量。送货时，由一辆车装着所有客户的货物，沿着一条精心选择的最佳线路依次将货物送到各个客户手中，这样既能保证按时按量将用户需要的货物及时送达，又可节约车辆，节省费用，有助于缓解交通紧张的压力，进而减少运输对环境造成的污染。

3．配送式配送

配送式配送是指由多个供应点向多个客户的送货运输，它的宗旨是将货物从多个供应点分别送达多个客户手中，既能满足客户对货物的配送需要，又能满足各供应点存出货要求，并最终做到费用最省。

（二）车辆集装技术

货物配装时应注意的事项如下。

（1）为了减少或避免差错，尽量把外观相近、容易混淆的货物分开装卸；重不压轻，大不压小，轻货应放在重货上面，包装强度差的货物应放在包装强度好的货物上面；不将散发臭味的货物与具有吸臭性的食品混装；尽量不将散发粉尘的货物与清洁货物混装；切勿将渗水货物与易受潮货物一同存放。

（2）包装不同的货物应分开装载，如板条箱货物不要与纸箱、袋装货物堆放在一起；具有尖角或其他突出物的货物应和其他货物分开装载或用木板进行隔离，以免损伤其他货物。

（3）装载易滚动的卷状、桶状货物，要垂直摆放；货与货之间、货与车辆之间应留有空隙并适当衬垫，防止货损；装货完毕，应在门端处采取适当的稳固措施，以防开门卸货时，货物倾倒造成货损或人身伤亡，尽量做到“后送先装”。

另外，常见的包装技术方法包括泡罩包装与贴体包装、真空包装与充气包装、收缩包装、无菌包装、硅窗气调包装、防潮包装、缓冲包装、集合包装。

任务4 物流配送中心智能化

一、任务导入

随着社会经济的发展，人工成本越来越高，但是效率越来越低，因此各大物流中心开始构建智能化物流中心。而智能化的物流中心与传统的物流中心究竟有何区别呢？本任务将以医药行业的物流配送中心为例，介绍不一样的物流。

二、任务分析

在互联网快速发展的时代背景下，中国医药供应链体系不断革新、升级，物流中心技术作为这个体系中的核心支撑之一，需要不断创新和改变来适应变化。市场容量增加，企业规模扩大，都对物流配送中心提出了更高的要求，未来，信息化与智能物流中心将是医药企业提升核心竞争力的关键因素。

三、知识百宝箱

（一）互联网背景下医药物流的变化

（1）信息技术、互联网技术、物联网技术、自动化技术将在医药企业全面应用。已有很多物流中心运用了堆垛机、输送线、穿梭车、分拣机等自动化物流设备，且主要集中在烟草和医药行业。从整个市场情况分析，未来会有越来越多的企业更加重视物流信息化的建设。

（2）行业集中度越来越高。2017 年医药行业市场总额大约 1.6 万亿元，市场份额占据前几名的医药批发企业分别是国药控股（19.0%），上海医药（7.3%），华润医药（7.2%），九州通（3.9%）。这些全国性的企业未来将会并购大量的企业，而在企业合并后必然要建立一个全国性或者区域性的物流平台来集中管理自己的物流。

（3）物流技术市场扩大，细分领域变多。客户对物流技术装备需求的增加，会促使这个市场有更多的参与者，同时也会衍生出更多细分领域的优秀服务商，为医药生产企业或者批发企业提供专业的物流服务或供应链服务。

（二）物流技术发展助力企业物流效率提升

1．规划设计

规划是物流配送中心的灵魂，对复杂的业务和大规模的物流尤其重要，并且这种咨询服务也逐渐被企业接受。一个好的物流规划会节省巨大的物流改造成本投入。

2．成熟稳定的软件技术

现代物流中心每天出库商品总额平均 5000 万元以上，因此对软件的运行能力有着极高的要求。软件一旦出现问题，将对企业造成难以预估的损失，所以稳定的软件系统是现代物流中心建设的重点。九州通达自主研发了仓储管理系统、设备控制系统等软件产品，拥有五十余项专有技术，着力在物流技术领域创新突破，为客户提供更优质的服务。

3．自动化与智能化技术

自动导引运输车（Automated Guided Vehicle，AGV）、穿梭车、高速提升机等智能设备，已应用于各大物流中心。如图 2-4-1 所示为自动化立体仓库。

图 2-4-1　自动化立体仓库

4．系统集成服务

集成商提供的服务包含详细的方案设计，流程规划，需求分析，软硬件的生产、安装、调试等，可以把多种相关联的硬件设备和软件系统集成为一个整体，更好地解决企业的物流问题。随着物流项目规模的扩大，设备种类越来越多，其复杂程度也相应增加，因此系统集成商的重要性得以充分体现。一个优秀的集成商能让物流项目顺利进行，并能保证项目质量和工期，是提升企业物流效率的有利因素。

5．运营与优化能力

同一个物流中心由不同的人员进行管理，其效率差别可以达到 30%以上，可见优秀的运营管理是物流中心良好运行的保障。

（三）物流信息化的变革与应用

物流信息化的变革与应用举例如下。

福建新紫金物流中心项目早期采用的仓库管理系统和纸单拣选模式，主要是利用物流系统打印出纸质单据，并根据单据内容在指定货位拣选商品。该物流中心上线运营之后，平均效率在 130 订单行/人/小时，这是利用传统作业模式较难实现的。

云南白药物流中心项目采用的是电子标签拆零模式，当有拆零拣选任务时，巷道灯及电子标签点亮，拣货员根据电子标签的亮灯指示实施操作，拣选任务完成后熄灭电子标签。升级优化的电子标签拣选模式可支持云南白药每年近 100 亿元的销售额，相较于传统的纸单拣选模式，其对人员的培训较为简易，系统交互性很高，差错率要低很多。

神威药业物流中心项目业务形态复杂，采用智能小车拣选模式，拣选效率 160 个订单行/小时，主要采用摘果式和播种式结合的方式，预计一次性可以拣选近 50 个品规，这种拣选方式非常适合配送到终端用户的拣选作业。

较新的拣选方式是货到人拣选方式。货到人拣选是指通过自动化设备将货物送到指定位置，拣货员在指定位置进行拣选。国内医药物流中心主要通过穿梭车来实现货到人，按照测试的结果，其效率为 700～800 订单行/小时，是智能小车的 4～5 倍。

通过上述应用实例可以看到，信息化可给企业带来物流效率的提升，对于技术不断更新迭代的市场，自动化、智能化物流技术将是未来主流，真正无人仓库的时代很快就会来临。

任务 5 电子商务物流配送技术发展现状与趋势

一、任务导入

随着信息技术和网络的蓬勃发展，作为电子商务关键载体的物流配送变得越来越重要，因此物流正在成为电子商务发展的核心要素。电子商务活动面对数量庞大且零散的客户群体，其订单呈现分散、量小等特点，进而导致物流很难满足客户理想的配送时间要求。

二、任务分析

我国电子商务物流发展整体上较落后，基础设施没有发达国家健全，经营管理模式不及发达国家先进，理论研究工作也相对滞后，物流运作成本高，总之，我国电子商务物流发展面临许多问题。

三、知识百宝箱

（一）我国电子商务物流发展现状

1．电子商务物流信息化整体水平不高

自我国的物流信息化产生以来，在技术及设施上都进行了很大的改进，但水平及普及

程度仍不容乐观。电子商务行业的发展必须依托 RFID、电子标签、GPS 等信息技术，而如果这些信息技术得不到普及或普及程度不高，则会严重制约电子商务企业的发展速度。

2．自动化物流配送水平不高

我国自动化物流配送中心的发展较慢，主要原因是配送的服务核心作用难以发挥，现代物流企业所提供的物流配送服务很难满足客户各种各样的需求；加之配送操作中低水平的计算机使用程度，使物流中的很多重要环节所涉及的问题（如智能仓储及运输系统的设计与构建）没有一整套解决方案。

3．电子商务物流制度环境不完善

电子商务物流的发展需要相关法律、法规及制度作为支撑，现有的制度并不适应电子商务物流企业的发展需求，唯一的解决办法是重新配置资源。此外，由于缺少法律、法规及专门的法律文件作为支撑，电子商务物流企业也很难制定管理规章制度。同时，对物流企业认识错误、界定不合理以及专业物流企业法律地位的不被认可等因素，都不利于电子商务物流的发展。

4．缺乏高水平的专业电子商务物流人才

目前，精通电子商务物流的高水平专业人才的缺乏正制约着电子商务物流的发展。我国开展培养电子商务物流专业人才的时间较晚，缺少相关专业的教师，理论教学与实践不能很好地结合，再加上现阶段的物流从业者又缺乏专业的知识储备，从而导致我国电子商务物流业对高水平人才的匮乏，进而极大地影响了电子商务物流的发展。

（二）我国电子商务物流发展趋势

1．信息化

电子商务时代，物流信息化是电子商务的必然要求。物流信息化表现为物流信息的商品化、物流信息收集的数据库化和代码化、物流信息处理的电子化和计算机化、物流信息传递的标准化和实时化、物流信息存储的数字化等。因此，条码技术（Bar Code）、数据库技术（Database）、电子订货系统（Electronic Ordering System，EOS）、电子数据交换（Electronic Data Interchange，EDI）、快速反应（Quick Response，QR）及有效的客户反应（Efficient Customer Response，ECR）、企业资源计划（Enterprise Resource Planning，ERP）等先进技术与管理策略在我国的物流中将会得到普遍的应用。

2．自动化

自动化的基础是信息化，自动化的核心是机电一体化，自动化的外在表现是无人化，自动化的效果是省力化，另外自动化可以扩大物流作业能力、提高劳动生产率、减少物流作业的差错等。物流自动化的设施非常多，如条码/语音/射频自动识别系统、自动分拣系统、自动存取系统、自动导向车、货物自动跟踪系统等。这些设施在发达国家已普遍用于物流作业流程中，而我国由于物流业起步晚，发展水平低，因此自动化技术的普及还需要相当长的时间。

3．智能化

智能化是物流自动化、信息化的一种高层次应用，物流配送作业过程大量的运筹和决

策，如库存水平的确定、运输（搬运）路径的选择、自动导向车的运行轨迹和作业控制、自动分拣机的运行、物流配送中心经营管理的决策支持等问题都需要借助于丰富的知识才能解决。在物流自动化的进程中，物流智能化是不可回避的技术难题。幸好专家系统、机器人等相关技术在国际上已经有比较成熟的研究成果，否则物流智能化更难实现。为了提高物流现代化的水平，物流的智能化已成为电子商务环境下物流发展的一个新趋势。

项目总结

本项目主要介绍了物流配送基本作业的主要模式，配送的成本、绩效分析与合理化，让读者认知电子商务物流配送运作模式与配送技术，了解现代物流配送中心智能化，电子商务物流配送技术发展现状与趋势。

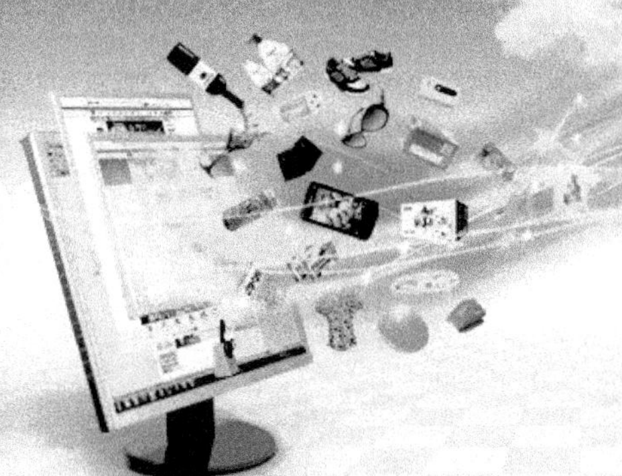

项目三

物流配送环节

项目情境设计

随着客户订单量的不断增加，物流工作变得量大且繁杂，它包括商品的包装、加工、装卸搬运、仓储及配送规划等一系列环节，而这些环节的工作都需要消耗大量的人力和物力，因此如何做好这些环节的工作便成了王嘉玲（王嘉玲已是佳美优服饰配送中心的负责人）工作的重点，因为物流环节的作业可直接影响商品的包装质量、发货速度、运输效率等，也间接地影响着企业的经营效益。

项目目标

知识目标：了解包装、装卸搬运的概念及内容，掌握仓储作业内容，了解流通加工的内容及方法。

能力目标：能够包装商品，能规划最短配送路线，掌握装卸搬运的合理化措施，掌握仓储作业流程。

项目分析

物流是企业的第三利润源泉，但其包含的作业非常复杂，且物流成本在企业的经营成本中占很大比例，因此降低物流成本，相当于直接增加企业的利润。特别是在商品同质化竞争中，能够极大地提高竞争力，进而提高电子商务企业的生存能力。下面一起来认识物流配送作业的各环节及其具体的作业内容吧！

任务1 包装作业

一、任务导入

王嘉玲在配送中心的包装现场发现包装材料各式各样，而待发的商品五花八门，对于已包装好的商品，其包装情况并不理想——有的商品过度包装，有的包装得过于单薄，还有的竟没有使用缓冲材料。面对如此复杂的情况，王嘉玲不知所措，那么到底该如何进行包装呢？

二、任务分析

随着电子商务的快速发展，全国每日的快递揽件量高达百万件，为保证物品能安全送达客户手中，包装成为电商企业重要的物流作业环节。要确保物品在搬运、储运过程中的安全性，就必须了解包装的相关知识和操作。

三、知识百宝箱

（一）包装的概念

包装是指为了在流通过程中保护商品、方便储运、促进销售而按一定技术方法采用的容器、材料及辅助材料等的总体名称。

（二）包装的功能

1．保护商品

科学地进行包装设计，可使内装物在物流过程中避免因外力、光热、温度、湿度、微生物等外界因素的影响而遭受损坏，这是物流包装的最主要作用之一。

2．方便物流，提高物流作业效率

通过包装将商品以一定的数量集中形成单元，便于装卸、搬运、运输、仓储等物流环节操作，有利于提高物流作业的效率。

3．促进销售

在包装上可以提供包装物的信息，包装信息有助于消费者了解和正确使用商品，而且美观的、个性化的包装可以激发消费者对商品的购买欲，有利于商品的销售。

（三）包装材料

常见的快件包装材料如下。

1．包装袋

包装袋是封口为一次性粘胶，密封后可防水、安全，适用于不易破碎、抗压类的物品的快递袋，如图 3-1-1 所示。

图 3-1-1　包装袋

2．包装筒

包装筒是圆柱形的包装材料，如图 3-1-2 所示。包装筒的材质有塑料、PVC、纸质等多种，用于包装不可折叠、不可挤压的物品，例如，墙纸、地图、图画作品等。

图 3-1-2　包装筒

3．防震板

防震板俗称泡沫，为内填充材料，如图 3-1-3 所示。防震板能够承受较大的重量，当受到震荡或坠落地面时，能起到缓冲、防震的作用。例如，用泡沫制成箱形，不仅可以承载一定的负荷，而且可以隔热。

图 3-1-3　防震板

4．编织袋

编织袋又称蛇皮袋，是塑料袋的一种，适用于不易碎、抗压、不易损坏的物品包装，如图 3-1-4 所示。

图 3-1-4　编织袋

5．打包带

打包带是二次包装的加固材料，如图 3-1-5 所示。中、大号纸箱、编织袋、木箱包装的快件，封口后可用打包带捆扎进行二次加固，单件重量在 10kg 以上的快件要用打包带进行加固。

图 3-1-5　打包带

6．纸箱

纸箱是快递运输中最重要的包装材料之一，一般使用瓦楞纸箱。瓦楞纸箱从横截面上看，可分为 3 层和 5 层瓦楞，如图 3-1-6 所示。

图 3-1-6　瓦楞纸箱

7. 木箱

木箱主要用于大型贵重物品、精密仪器、易碎物品、不抗压物品的包装，其厚度及打板的结构要适合快件安全运输的需要，如图 3-1-7 所示。

图 3-1-7 木箱

8. 缓冲材料

缓冲材料又称填充材料，是非常重要的内包装材料，包括气泡膜、珍珠棉、泡沫、充气袋、气柱袋、海绵、碎纸条、碎布等，如图 3-1-8 所示。缓冲材料能够有效缓冲或减轻快件在运输过程中与箱体发生碰撞而引起的损坏，还能有效缓解其他快件的挤压。缓冲材料适合于易碎的、表面易划伤的快件。

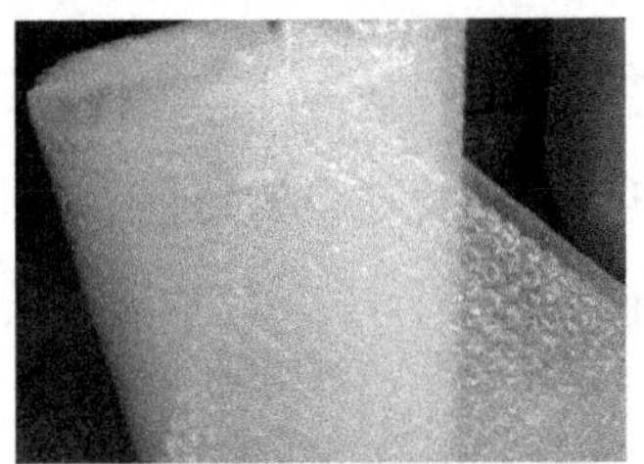

（a）气泡膜

（b）珍珠棉

（c）泡沫

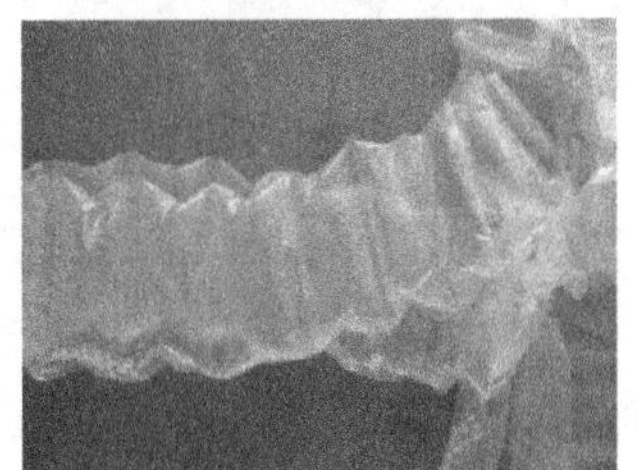

（d）充气袋

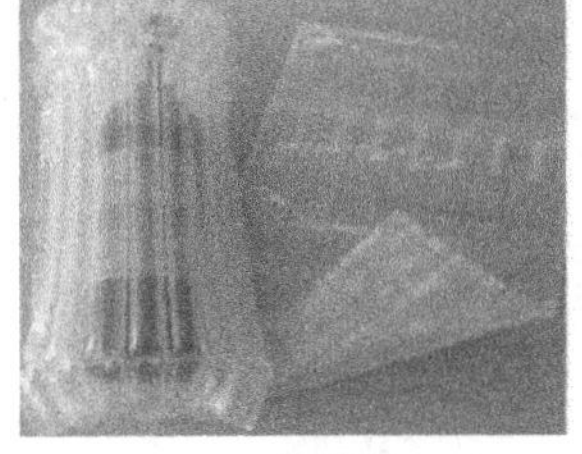

（e）气柱袋

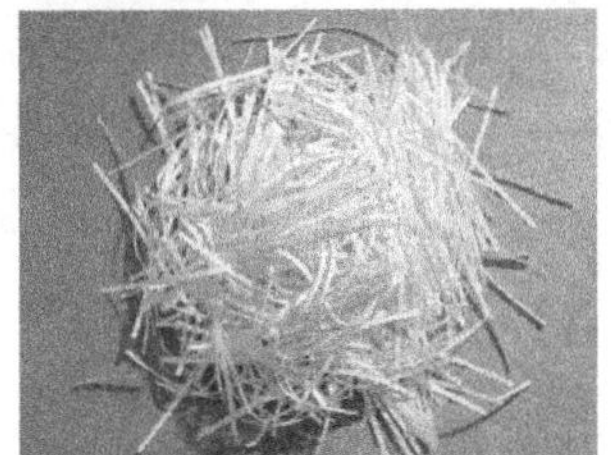

（f）碎纸条

图 3-1-8 缓冲材料

9．其他包装材料

其他包装材料如铁箱、铁桶、玻璃容器、塑料盒等。

（四）包装操作

1．包装操作的原则

（1）根据运输物品的性质、状态和重量，选择对应的包装种类。

（2）包装要坚固、完好、轻便，便于搬运、装卸和码放。

（3）包装外面不能有突出的钉、钩、刺等。

（4）包装要整洁。

（5）包装物品不得相互摩擦，若有间隙，应使用相应的缓冲材料进行填充。

（6）重量超过 10kg 的货物，应使用包装带进行捆扎。

（7）外包装与包装带要能完全承受货物的重量。

2．包装操作的步骤

包装操作的步骤如图 3-1-9 所示。

图 3-1-9　包装操作的步骤

（1）分析物品的结构特性。通过视验需包装的物品，判断物品的特性，如是否怕压、怕震、易折、怕湿等。

（2）选择合适的包装材料。由于不同的物品有不同的特性，因此在外包装与内包装的选择上，必须与物品的特性相符。对于怕压、易折的物品，外包装要坚固抗压不易变形；对于怕震的物品，要选择相应的缓冲填充材料；对于怕湿的物品，外包装要密封，内包装可以填充干燥剂，确保物品在流通过程中不会损坏。另外，在保证安全的前提下，包装材料的选择还要考虑经济性，避免过度包装，降低包装成本，从而提高公司利润。

（3）按包装原则包装快件。在选好内外包装材料后，根据包装的原则，并结合物品的大小、形状和物理化学特性合理地进行包装，确保物品的安全。

（4）贴上包装标志和运单。包装完成后，应根据物品的特性，贴上相应的包装标志，以便提醒工作人员在物品流通、搬运、储存的过程中应当注意的事项，提高物流效率。同时，还应在明显的位置贴上快递运单。

常见包装储运标志图形及其含义如表 3-1-1 所示。

表 3-1-1 常见包装储运标志图形及其含义

序号	标志名称	标志图形	含义	序号	标志名称	标志图形	含义
1	小心轻放	 小心轻放	用于易碎、需轻拿轻放的运输包装件	7	怕热	 怕 热	用于怕热的运输包装件
2	怕湿	 怕 湿	用于怕湿的运输包装件	8	堆码重量极限	 "最大…公斤" 堆码重量极限	用于指示允许最大堆码重量的运输包装件
3	禁用手钩	 禁用手钩	用于不得使用手钩搬动的运输包装件	9	远离放射源及热源	 远离放射源及热源	用于指示需远离放射源及热源的运输包装件
4	重心点	 重 心 点	用于指示运输包装件重心所在处	10	堆码层数极限	 N 堆码层数极限	用于指示允许最大堆码层数的运输包装件。图中N为实际堆码层数，印刷或喷涂时用阿拉伯数字表示
5	向上	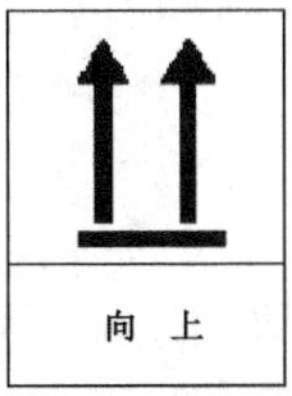 向 上	用于指示不得倾倒、倒置的运输包装件	11	由此吊起	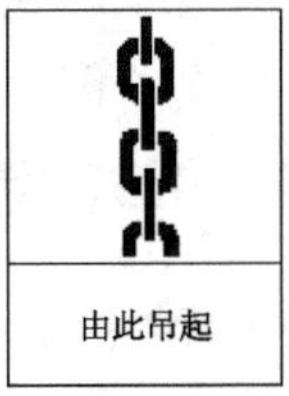 由此吊起	用于指示吊运运输包装件时放链条和绳索的位置
6	禁止滚翻	 禁止翻滚	用于不得滚动搬运的运输包装件	12	温度极限	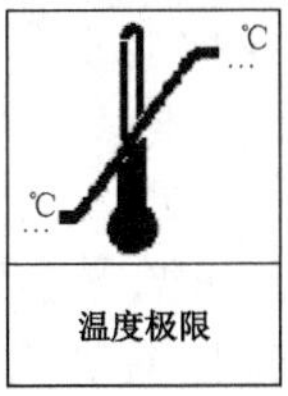 ℃… ℃… 温度极限	用于指示需要控制温度的运输包装件

任务2 路线规划

一、任务导入

由于客户量激增，客户的分布区域越来越广泛，但物流配送的能力总是有限的，如何高效、经济、准时并按客户要求将商品送达客户手中，已成为物流配送企业的核心竞争力，所以如何进行合理的配送路线规划成为王嘉玲的另一个重大难题，让我们来帮帮她吧！

二、任务分析

电子商务的兴盛离不开强大的物流保障，快速、经济的物流配送，不仅能提高客户的满意度，而且能直接降低电商企业的经营成本，形成新的利润增长点。合理地规划配送路线是物流配送中非常重要的一环。

三、知识百宝箱

（一）配送路线设计

配送路线设计就是整合影响配送运输的各种因素，适时、适当地利用现有的运输工具和道路状况，准确、及时、安全、方便、经济地将客户所需的商品送达客户手中。

配送路线合理与否对配送速度、车辆的合理利用和配送费用都有直接影响，因此配送路线的优化问题是配送工作的主要问题之一。采用科学合理的方法来确定配送路线是配送活动中非常重要的一项任务。

（二）配送路线的目标

进行配送路线优化时，必须有明确的目标，遵循基本的原则。配送路线目标的选择可以从以下5个方面来考虑。

（1）以效益最高为目标，指计算时以利润最大化为目标。

（2）以成本最低为目标，实际上也是选择了以效益为目标。

（3）以路程最短为目标，如果成本与路程相关性较强，可以选它作为目标。

（4）以吨公里数最小为目标，在“节约里程法”的计算中可采用这一目标。

（5）以准确性最高为目标，它是配送中心重要的服务指标。

另外，还可以选择运力利用最合理、劳动消耗最低作为目标。

（三）确定配送路线的约束条件

一般配送的约束条件有以下5项。

（1）满足所有收货人对货物品种、规格、数量的要求。

（2）满足收货人对货物送达时间范围的要求。

（3）在允许通行的时间段内进行配送。

（4）各配送路线的货物量不得超过车辆容积和载重量的限制。

（5）在配送中心现有运力允许的范围内。

（四）配送路线的设计方法

1．经验判断法

经验判断法是指根据行车人员的经验来选择配送路线的一种主观判断方法。该方法一般以司机习惯行驶路线和道路行驶规定等为基本标准，拟订出几个不同的方案，通过倾听有经验的司机和送货人员的意见，或者直接由配送管理人员凭经验做出判断。这种方法的质量取决于决策者对运输车辆、客户的地理位置和交通线路情况的掌握程度，以及决策者的分析判断能力与经验。这种方法尽管缺乏科学性，易受掌握信息详尽程度的限制，但运作方式简单、快速、方便。这种方法通常适合在配送路线的影响因素较多，难以用某种确定的数学关系式来表达，或难以用某种单项依据评定时采用。

2．数学优化法

配送路线的优化，还可以采取各种数学方法和在数学方法基础上演变出来的经验方法进行定量分析与定性分性。下面介绍数学计算法中确定配送路线设计的两种主要方法。

（1）最短路径设计（点到点配送）。在配送路线设计中，当由一个配送中心向一个特定的客户进行专门的送货时，追求的是最短配送距离，以节省时间，多装快跑，提高送货的时间效率，这主要是寻求物流网络中的最短路径问题。最近点法是确定两点间最短路线的常用方法。

最近点法的操作步骤是从始点或终点开始，找与该点相连的所有点中最近的点，从而得到第二个点，再找出与第二个点相连的所有点中最近的点，得到第三个点。依次类推，找出其余的点。

如图 3-2-1 所示，假设 *A* 为起点，*B* 为终点。第一步，找出与 *A* 点相连的最近的点。与 *A* 点相连的点有①、②、③，其中③与 *A* 点距离最近。第二步，找出与③距离最近的点，为⑤。第三步，找出与⑤最近的点，为 *B* 点。由此连接各个点，得出最优的路径是 *A*—③—⑤—*B*。

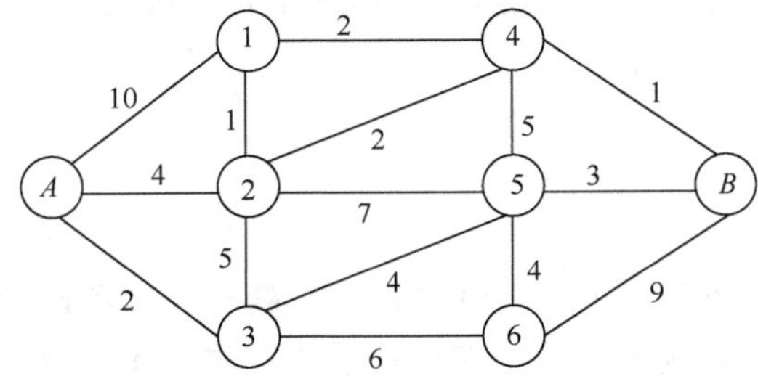

图 3-2-1 路径优化

（2）节约里程法（点到面配送）。节约里程的路线设计，一般用于当由一个配送中心向多个客户共同送货，且在同一条线路上的所有客户的需求量都不大于一辆车的额定载重量时，那么就由一辆车尽可能地配装更多客户的物品，直到满负荷，并以最短的行驶距离送达各个客户手中。节约里程法可以减少配送车辆的使用，缩短配送里程，缓解交通紧张的压力。

节约里程法的基本思想是三角形的两边之和大于第三边。先构造一个初始解，假设由配送中心分别给每个客户进行配送，然后试着由配送中心出发，沿着客户配送，计算比原来节约多少里程，此即节约里程法。

如图 3-2-2（a）所示，P 点为配送中心所在地，A 点和 B 点为客户所在地，相互之间的距离为 a、b、c。若分别为 A 点、B 点配送货物，则车辆的行驶里程为 $2a+2b$，如图 3-2-2（b）所示；若使车辆巡回配送，则行驶距离为 $a+b+c$，如图 3-2-2（c）所示，那么节省的距离就为 $(2a+2b)-(a+b+c)=a+b-c>0$，这就是节约的里程。

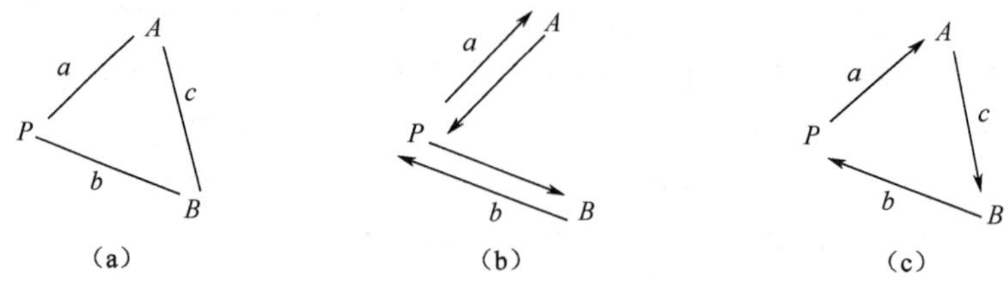

图 3-2-2　点到面配送

利用节约法确定配送路线的主要出发点是，根据配送中心的运输能力和配送中心到各个客户以及各个客户之间的距离来制订使总的车辆运输的吨公里数最小的配送方案。同时需满足以下条件：① 满足所有用户的要求；② 不使任何一辆车超载；③ 每辆车每天的总运行时间或行驶里程不超过规定的上限；④ 用户到货时间要求。

任务 3　装卸搬运作业

一、任务导入

王嘉玲进入企业仓库时，发现仓库里的员工正在运用各种各样的搬运设备不停地搬搬抬抬，一时有点费解，有员工就告诉她："别小看这些搬搬抬抬的小事，能不能早点发货，就得看我们能不能早点搬完呢！"听完后，王嘉玲陷入了沉思："在这个如此重要的作业环节，该如何提高他们的工作效率呢？"

二、任务分析

装卸搬运是物流中必不可少的作业环节，它伴随着仓储和运输作业，反复出现的频率较高，占用的人力较多，对物流的效率有着重要的影响。而合理的装卸搬运，能够降低人力的投入，缩短物流的时间，可在一定程度上提升企业的经济效益。

三、知识百宝箱

（一）装卸搬运的概念

装卸是指："在指定地点以人力或机械将物品装入运输设备或卸下。"搬运是指："在同一场所内，对物品进行水平移动为主的物流作业。"

装卸是改变"物"的存放、支撑状态的活动，主要指物体上下方向的移动；而搬运是改变"物"的空间位置的活动，主要指物体横向或斜向的移动。通常情况下，装卸搬运是合在一起用的。

（二）装卸搬运的地位

装卸搬运是附属性、伴生性的活动，无论是生产领域的加工、装配，还是流通领域、消费领域的运输、仓储、包装等，它都是每一项活动开始及结束时必然发生的活动。

装卸搬运是支持、保障性活动，可为生产与流通等环节提供保障和服务。在生产与流通领域中，如果没有装卸搬运的保障与服务，就无法使运输高质量、高效率地运行，装卸搬运的质量、效率对运输过程有着重要的制约作用。

装卸搬运在物流成本中占有重要地位。在物流活动中，装卸活动是不断出现和反复进行的，它出现的频率高于其他物流活动，而且每次装卸活动都花费很长时间，因此成为决定物流速度的关键因素之一。装卸活动所消耗的人力很多，所以装卸费用在物流成本中所占的比重较高。以我国为例，铁路运输的始发和到达的装卸作业费占运费的20%左右，船运占40%左右。我国对生产物流的统计显示，机械加工企业每生产1吨成品，需要进行252吨次的装卸搬运，其成本为加工成本的15.5%左右。因此，为了降低物流费用，控制装卸操作环节的成本尤为重要。

另外，进行装卸操作时往往需要接触货物，因此，它也是在物流过程中造成货物破损、散失、损耗、混合等损失的主要环节。例如，袋装水泥纸袋破损和水泥散失主要发生在装卸过程中，玻璃、机械、器皿、煤炭等产品在装卸时最容易造成损失。据我国统计，火车货运以500千米为分界点，运距超过500千米，运输在途时间超过起止的装卸时间；运距低于500千米，装卸时间则超过实际运输时间。美国与日本之间的远洋船运，一个往返需要25天，其中，运输时间13天，装卸时间12天。由此可见，装卸操作环节是影响物流效率、决定物流技术经济效益的重要环节。

（三）常见仓库装卸搬运的设备

1．二轮杠杆式手推车

二轮杠杆式手推车是最古老、最实用的人力搬运车，如图3-3-1所示。它轻巧、灵活、转向方便，但因靠体力装卸、保持平衡和移动，所以仅适合装载较轻、搬运距离较短的场合。

图 3-3-1　二轮杠杆式手推车

2. 手推台车

手推台车是一种以人力为主的搬运车。它轻巧、灵活，易操作，回转半径小，广泛应用于车间、仓库、超市、食堂、办公室等，是短距离运输轻小件物品的一种方便而经济的搬运设备。手推台车可分为平台式手推台车、登高式手推台车（见图 3-3-2）。

（a）平台式手推台车

（b）登高式手推台车

图 3-3-2　手推台车

3. 液压式搬运装卸设备

液压式搬运装卸设备是仓库搬运的主要设备，采用的液压器为主要承重设备，具有承重力大、易操作、经济实用、配合托盘使用、搬运量大等特点。液压式搬运装卸设备主要应用于各类仓库，可分为手动液压托盘搬运车、手动液压升降平台车，如图 3-3-3 所示。

（a）手动液压托盘搬运车

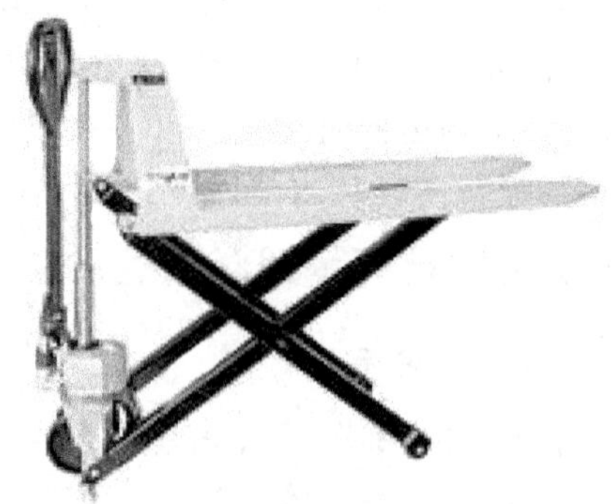

（b）手动液压升降平台车

图 3-3-3　液压式搬运装卸设备

4. 电动堆高车

电动堆高车是以电动机为动力、蓄电池为能源的一种工业搬运车辆，是指对成件托盘货物进行装卸、堆高、堆垛和短距离运输作业的各种轮式搬运车辆。国际标准化组织ISO/TC110 称为工业车辆。电动堆高车广泛应用于工厂车间、仓库、流通中心和配送中心，可分为全电动堆高车、半电动堆高车，如图 3-3-4 所示。

（a）全电动堆高车　（b）半电动堆高车

图 3-3-4　电动堆高车

（四）装卸搬运作业合理化

1. 合理化目标

合理的装卸搬运，应做到不停顿、不间断，像流水一样进行，使工序之间紧密衔接，作业路径应最短、消灭迂回和交叉等无效作业。装卸搬运合理化应该实现以下目标：装卸搬运距离要短、装卸搬运时间要少、装卸搬运质量要高、装卸搬运费用要省。

2. 合理化措施

（1）防止和消除无效作业。所谓无效作业是指在装卸搬运作业活动中超出必要的装卸、搬运量的作业。装卸搬运不会增加货物的价值，反而会增加货物的破损和成本，因此要防止和消除无效的装卸搬运，如避免过度包装，减少无效负荷；提倡系统规划，减少搬倒的次数等。

（2）缩短搬运作业的距离。搬运距离的长短、搬运作业量的大小与作业效率是相联系的。物品在搬运过程中，过远、迂回、重复、交叉搬运会增加搬运的距离，导致耗费更多的人力和时间，因此在货位、车辆停放、入出库作业的流程设计上，要系统地进行优化，以物品移动的距离最短为原则。

（3）提高装卸搬运的灵活性。物料装卸搬运的灵活性，根据物料所处的状态，即物料装卸搬运的难易程度，可分为不同的级别。如果很容易转变为下一步的装卸搬运而不需要过多做装卸搬运前的准备工作，则灵活性就高；如果难以转变为下一步的装卸搬运，则灵活性就低。

为了对灵活性有所区别，并能有计划地提出灵活性要求，使每一步装卸搬运都能按一定活性要求进行操作，特对不同放置状态的物品做出不同的活性规定，即“活性指数”。活性指数分为 0～4 共 5 个等级。活性指数越高，物品越容易进入装卸搬运状态。

（4）尽可能利用重力装卸搬运。利用重力装卸搬运是指借助物品本身的重力实现物品的移动。在装卸搬运过程中应设法利用重力移动物品，尽量避免人力抬运或搬运物品。例如，物品在倾斜的辊道上借助重力自行移动。

（5）实现集装单元化装卸搬运。集装单元化是指将零散物品归整为统一格式的集装单元进行装卸搬运。集装单元化是实现装卸合理化的主要手段。在物流作业中，广泛使用托盘，通过叉车与托盘的结合，可提高装卸搬运作业的效率。

（6）保持物流的均衡通畅。为了提高装卸搬运作业的效率，应尽量将相关作业进行有效组合，紧密衔接，各工序作业路径尽量为直线。要控制好节奏，必须综合利用各方面因素，尽量保证物流量均衡，避免忙闲不均的现象。

（7）充分利用搬运设备。利用搬运设备，可以将人工从繁重的体力劳动中解放出来，不仅可以装卸搬运更大的量，而且效率也更高。例如家电、重型设备等大件商品，可以通过叉车进行搬运装卸，极大地降低人力成本，效率也远超人力作业。将来的发展，装卸搬运更倾向于机械化、自动化。

任务4 仓储作业

一、任务导入

随着经营的网店业务量的增大，仓库的货物储存也在逐日增加，如何选择能更有效地利用空间的仓储设备、如何叠放货物成为王嘉玲日常管理中的一大难题。于是，她对仓储作业的内容做足了功课，希望能更有效地管理库存商品。

二、任务分析

仓储作业是货物管理的综合作业内容，为了能合理、有效地完成库房作业，需要对仓储设备、货物堆码形式、储位的管理做出合理的安排。下面就介绍一下仓储的设备和常见的堆码方式。

三、知识百宝箱

（一）认识仓储设备

1．仓储设备概述

仓储设备是指仓储业务所需的所有技术装置与机具，即仓库进行生产作业或辅助生产作业以及保证仓库及作业安全所必需的各种机械设备的总称。

2．电商企业常见货架

（1）层架。层架属于货架中的一种，由立柱、横梁和层板构成（见图 3-4-1），适合存储规格复杂多样的小件货物或较贵重、怕尘土、怕潮湿的小件物品。层架特别适用于人工存取作业。

图 3-4-1　层架

（2）托盘货架。托盘货架俗称横梁式货架，或称货位式货架，通常为重型货架（见图 3-4-2），在国内的各种仓储货架系统中最为常见。该类货架的优点是：每块托盘均能单独存入或移动，而不需要移动其他托盘；适用于各种类型的货物，即可按货物尺寸要求调整横梁高度；配套设备简单，成本低，能快速安装及拆除；货物装卸迅速，主要适用于整托盘出入库的场合。

图 3-4-2　托盘货架

（3）阁楼式货架。阁楼式货架系统是在已有的工作场地或货架上建一个中间阁楼（见图 3-4-3），以增加存储空间，可做二三层阁楼，宜存储一些轻泡货物及中小件货物，适合多品种、大批量或多品种、小批量货物及由人工存取的货物。货物通常由叉车、液压升降台或货梯送至二楼或三楼，再由轻型小车或液压托盘车送至某一位置。该类货架的特点：可提高储存高度，增加空间利用率；上层仅能存放轻量物品。

（4）自动货柜。自动货柜通过计算机、条形码识别器等智能工具进行管理，使用方便。只要按动按键，内存货物即可进入平台，可自动统计、自动查找，主要适用于体积小、价值高的物品的储存与管理，也适用于多品种、小批量物品的存储。自动货柜如图 3-4-4 所示。

图 3-4-3　阁楼式货架

图 3-4-4　自动货柜

（二）堆码作业

1．4 种主要的托盘堆码方式

托盘堆码主要有重叠式、纵横交错式、正反交错式和旋转交错式 4 种，其特点及优缺点如表 3-4-1 所示。

表 3-4-1　4 种托盘堆码方式的特点及优缺点

托盘堆码方式	特　点	优　点	缺　点
重叠式	各层堆码方式相同，如图 3-4-5 所示	操作简单、速度快，承压能力强	层与层之间缺少咬合，稳定性差
纵横交错式	相邻两层货品的摆放旋转 90°，如图 3-4-6 所示	操作相对简单，稳定性比重叠式好	咬合强度不够，稳定性不足

续表

托盘堆码方式	特　　点	优　　点	缺　　点
正反交错式	同一层中不同列的货品以90°垂直码放，相邻两层货物码放形式旋转180°，如图3-4-7所示	不同层间咬合强度较高，相邻层间相互压缝，稳定性较好	操作较麻烦，人工操作速度慢
旋转交错式	每一层中相邻两边的包装体互为90°，上下两层之间的堆码相差180°，如图3-4-8所示	相邻两层之间咬合交叉，稳定性较好，不容易塌垛	堆码难度大，中间形成空穴，降低托盘利用率

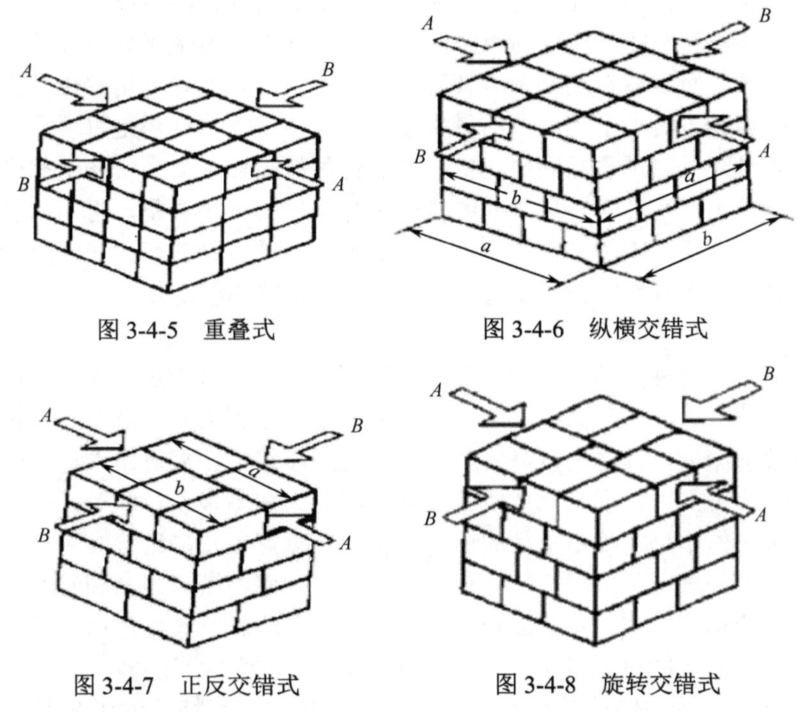

图3-4-5　重叠式　　图3-4-6　纵横交错式

图3-4-7　正反交错式　　图3-4-8　旋转交错式

2．托盘货物的码放标准

（1）货物码放时必须遵循“大不压小、重不压轻、木不压纸”的原则。

（2）货物码放时必须符合货物包装上储运图示标志的规定，按文字、箭头方向码放；严禁超高、超重、超限额和倒置、侧置存放。

（3）货物码放时必须保证每件货物的标签都朝外。如果货物的尺寸较小，则必须码空心托，严禁码实心托或花心托。

（4）货物码放时必须按照包装尺寸合理摆放，堆高时要互相错缝压碴，保持整托货物的稳定性，保证在地牛和叉车转弯时货物不晃动、不散落。必要时应使用捆扎带。

（5）除大件货物外，堆码时要求货物不能超出托盘四边，且托盘边沿需留出1～2厘米。

（6）托盘堆码高度一般不超过1.5米，堆码时必须注意货物包装的堆码限制，防止因摆放层数过多导致底层货物被挤压损坏。

（7）原则上同一托盘只存放同一票货物，不得混放。同一方向的小票货物可以拼板码放，但拼板时必须分开，平铺码放，不可上下交叠，以免货物混淆。

（8）一票多件货物需要码多个托盘时，应保证各个托盘按照统一规则码放，且各托盘码放的货物数量相同。

（三）储位管理

1．商品合理储存的概念

商品合理储存就是指为将商品受外界环境因素影响所发生的损失降到最低程度而采取的储存手段和储存方法。

2．商品储存策略

商品储存策略主要是确定储位的指派原则。良好的储存策略可以减少出入库移动的距离、缩短作业时间，甚至能够充分利用储存空间。一般常见的储存策略有以下 3 种。

（1）定位储放。每种储存商品都有其固定的储位，并且不能互用储位，因此必须规划每项货品的储位容量不得小于其可能的最大在库量。该策略的优势是每项货品都有固定储放位置，拣货人员容易熟悉货品储位；货品的储位可按周转率大小（畅销程度）安排，以缩短出入库搬运距离；可针对各项货品的特性进行储位的安排调整，将不同货品特性间的相互影响降至最小。该策略的不足之处是储位必须按各项货品的最大在库量设计，从而导致储区空间平时的使用效率较低，易造成空间浪费。此策略较适用于以下两种情况：厂房空间大；多品种小批量商品的储存。

（2）随机储放。每种商品被指派储存的位置都是经由随机的过程所产生的，而且可经常发生改变。也就是说，任何商品都可以被存放在任何可利用的位置。此随机原则一般由储存人员按习惯来储放，且通常按商品入库的时间顺序储放在靠近出入口的储位。该策略的优势是由于储位可共用，因此只按所有库存货品最大在库量设计即可，储区空间的使用效率较高。该策略的不足之处是货品的出入库管理及盘点工作的进行难度较高，周转率高的货品可能被储放在离出入口较远的位置，增加了出入库的搬运距离和时间；具有相互影响特性的货品可能相邻储放，易造成货品损坏或发生危险。此策略适用于以下两种情况：厂房空间有限，要求尽量利用储存空间；种类少或体积较大的商品储存。

（3）分类储放。分类储放是指对所有的储存商品按照其特性加以分类，每类商品都指派固定存放的位置，而同属一类的不同商品又按一定的法则来指派储位。分类储放通常按商品的相关性、流动性、尺寸、重量、特性等来分类。该策略的优势是便于畅销品的存取，同时各储存区域可根据货品特性进行设计，有助于货品的储存管理。该策略的不足之处是储位必须按各项货品的最大在库量设计，因此储区空间的平均使用率低。此策略适用于以下 3 种情况：相关性大的货品，经常被同时订购；周转率差别大的货品；尺寸相差大的货品。

3．商品分区、分类管理的方法

（1）按商品的种类和性能进行分区、分类。这种方法是当前仓库管理中普遍采用的方法，一般按商品的自然属性，将怕热、怕潮、怕冻、怕光、怕风等不同性质的商品分别进行归类，并且集中起来，安排适当的储存场所分区存放。

（2）按商品发往地区进行分区、分类。这种方法主要适用于商品存放时间短的中转仓库或口岸仓库。该方法先按不同运输方式划分（如铁路、公路、水路等），再按商品运送的不同路线划分，然后按商品发往的不同地点划分。需要注意的是，相互影响的商品以及运价悬殊的商品要分别堆放。

（3）按商品的危险性质进行分区、分类。这种方法主要适用于化学危险品仓库，储存时可根据危险品易燃、易爆、有毒的性质以及不同的灭火方法来分区、分类。

（4）按方便作业和安全作业进行分区、分类。这是指对于出入库频繁的商品，要安排在靠近库门处；对于笨重、体积较大的商品，不宜放在库房深处；易碎商品应避免与笨重商品存放在一起，以免在搬动时影响易碎商品的安全。

（5）按不同货主进行分区、分类。这种方法是综合性仓库常采用的方法，目的是与货主对口衔接，防止不同货主的商品混淆，便于联系和核对。在具体存放商品时，还应按商品性能划分为若干货区，以保证商品储存的安全。

任务 5 流通加工作业

一、任务导入

王嘉玲在实际运营中发现，不同客户对商品的特殊要求不同，为了更好地满足客户的需求，在商品配送前需要对商品进行一些简单的处理，这就是流通加工的环节所在。

二、任务分析

流通加工与生产加工有着本质的区别。流通加工主要为产品带来附加价值，更贴合客户自身的需求，但并不能取代生产加工。本任务将介绍一下常见的流通加工类型和作用。

三、知识百宝箱

流通加工是指商品在生产地到使用地流动的过程中，根据需要施加包装、切割、计量、分拣、刷标志、拴标签、组装等简单作业的总称。流通加工是流通中的一种特殊形式，它是在商品从生产领域向消费领域流动的过程中，为了促进销售、维护商品质量和提高物流效率，对商品进行的加工，使商品发生物理、化学或形状的变化。

（一）流通加工的作用

1．提高原材料利用率

通过流通加工进行集中下料，将生产厂商直接运来的简单规格商品，按客户的要求进行下料。例如：对钢板进行剪板、裁切；将木材加工成各种长度及大小的板材、方材等。集中下料可以优材优用、小材大用、合理套裁，可以明显地提高原材料利用率，有很好的技术经济效果。

2．方便客户

用量小或满足临时需要的客户，一般不具备进行高效率初级加工的能力，而通过流通加工可以使客户省去进行初级加工的投资、设备和人力，方便客户。目前，发展较快的初级加工主要包括将水泥加工成混凝土，将原木或板、方材加工成门窗，钢板预处理、整形等。

3．提高加工效率及设备利用率

在分散加工的情况下，加工设备由于生产周期和生产节奏的限制，设备利用时松时紧，从而导致加工过程不均衡，设备加工能力无法得到充分发挥。而流通加工面向全社会，加工数量大、范围广、任务多，从而可以通过建立集中加工点，采用一些效率高、技术先进、加工量大的专门机具和设备来提高效率。这样一方面可提高加工效率和加工质量，另一方面可提高设备利用率。

（二）流通加工的常用方法

1．食品的流通加工方法

（1）冷冻加工（见图 3-5-1）。冷冻加工是为了保鲜而进行的流通加工。为了解决鲜肉、鲜鱼等在流通中保鲜及装卸搬运的问题，一般采用低温冻结方式进行加工。这种方式也用于某些液体商品、药品等。

图 3-5-1　冷冻加工

（2）分选加工（见图 3-5-2）。分选加工是为了提高物流效率而对蔬菜和水果进行的加工，如去除多余的根叶等。例如农副产品的规格、质量离散情况较大，为了获得一定规格的产品，可采取人工或机械分选的方式进行加工。这种方式可广泛用于果类、瓜类、谷物、棉毛原料等。

图 3-5-2　分选加工

（3）精制加工（见图 3-5-3）。农、牧、副、渔等的精制加工是在产地或销售地设置加工点，去除无用部分，甚至还可以进行切分、洗净、分装等加工，进行分类销售。这种加工方法不但可以大大方便消费者，而且可以对加工过程中的淘汰物进行综合利用。例如，鱼类的精制加工所剔除的内脏可以制作某些药物或饲料，鱼鳞可以制作高级黏合剂，头尾可以制作鱼粉等；蔬菜的加工剩余物可以制作饲料、肥料等。

图 3-5-3　精制加工

（4）分装加工（见图 3-5-4）。许多生鲜食品零售起点较小，而为了保证高效地输送出厂，包装一般比较大，还有一些采用集装运输方式运达销售地区。这样做是为了便于销售，在销售地区按所要求的零售起点进行新的包装，即大包装改小包装，散装改小包装，运输包装改销售包装，以满足消费者对不同包装规格的需求，从而达到促销的目的。

图 3-5-4　分装加工

2．钢材的流通加工方法

钢材的流通加工类型主要有薄钢板的切断、型钢的熔断、厚钢板的切割、线材切断等集中下料，以及线材冷拉加工等。

3．木材的流通加工方法

（1）磨制木屑，压缩输送。这是一种为了方便木材流通的加工方式。

（2）集中下料。实行集中下料，按客户要求供应规格料，可以使原木利用率提高到 95%，出材率提高到 72%，具有相当好的经济效果。

4．水泥的流通加工方法

（1）水泥熟料的流通加工。这种加工方法可以大大降低运费、节省动力。按照当地的实际需求大量掺加混合材料，容易以较低的成本实现大批量、高效率的输送，是一种衔接产需、方便客户的加工方式。

（2）集中搅拌混凝土。集中搅拌混凝土是将水泥的使用从小规模的分散加工形态改变为大规模的集中加工形态。该加工方法采取准确的计量手段，即采用现代科学技术和设备，选择最佳的工艺，提高混凝土的质量和生产效率，既有利于节约水泥，还有利于提高搅拌设备的利用率，从而减少环境污染。在相同的生产条件下，使用该加工方法能大幅度降低设备、设施、电力、人力等费用，减少加工据点，形成固定的供应渠道，实现大批量运输，使水泥的物流更加合理。混凝土搅拌车如图 3-5-5 所示。

图 3-5-5　混凝土搅拌车

项目总结

本项目通过介绍商品的包装、路线规划、装卸搬运、仓储及流通加工等一系列环节，让读者熟悉物流配送各环节的具体作业过程，减少电子商务物流中人力、物力的投入，提升物流的安全性和速度，提高各配送环节的作业效率，为电子商务活动的顺利开展提供强大的支持力，通过为企业降低经营成本来提高利润。

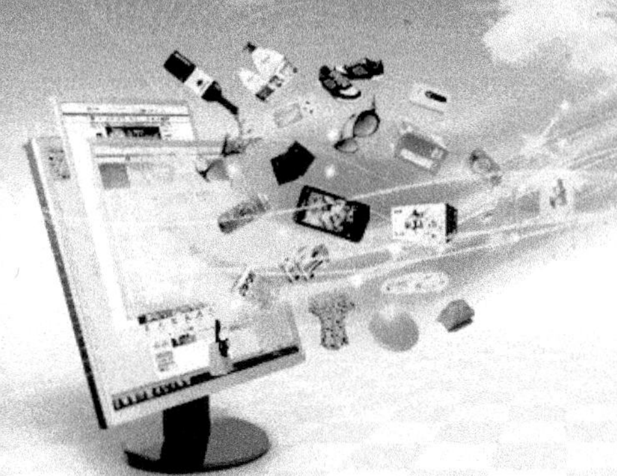

项目四

典型配送作业

项目情境设计

电子商务市场的生机勃勃让人们渐渐习惯网上购物。消费者足不出户就可享受各种便利，从日常生活用品和食品的纸巾、酸奶、奶粉到外国知名品牌的包、化妆品，再到阳澄湖大闸蟹、浙江金华木门都可以网购，但不少消费者还是会担心遇到假货、商品损坏、延误到货等问题，实际上这些问题和电子商务物流的发展有莫大的关系。那么生鲜冷链物流配送、大件物流配送、快速消费品物流配送、仓配一体化物流配送、跨境电子商务物流配送的发展现状到底是什么样的呢？消费者需不需要那么担心呢？

项目目标

知识目标：了解生鲜电商、大件物流、快速消费品、跨境电子商务的概念及其行业特点；了解冷链物流设备和体系，了解跨境电子商务物流、冷链物流的现状和解决方法；能够列举常见的跨境电子商务典型平台和常见的大件物流企业代表。

能力目标：学会分析生鲜冷链物流、大件物流、快速消费品物流、跨境电子商务物流模式、特点以及未来的发展方向，能解决快速消费品物流行业中存在的问题，提升生鲜冷链物流的效率。

项目分析

电子商务与物流是相互制约、相互促进的关系，电子商务的迅猛发展带动了物流业的快速前进，但是电子商务的快速发展必须有规范化的、强有力的先进物流作为支撑，可以说，滞后的物流是电子商务飞速发展的瓶颈和障碍，发达的物流是电子商务发展的助推器。下面一起来认识和分析一下生鲜冷链物流配送、大件物流配送、快速消费品物流配送、仓配一体化物流配送、跨境电子商务物流配送等典型物流配送作业的发展现状和存在的问题吧！

任务1 生鲜冷链物流配送

一、任务导入

很多消费者还是不太愿意在网上购买生鲜商品，除了消费习惯外，还对于商品在储存、运输途中的温度环境是否符合食品要求始终抱有疑虑，如大闸蟹，离水后温度要控制在4～9℃才会不影响品质和口感，温度过高或过低都不利于大闸蟹的保鲜。

二、任务分析

品质是生鲜的灵魂。源头采"鲜"，中间保"鲜"至消费者手中，全程保持生鲜的品质，让消费者增加网购生鲜的信心是每个生鲜电商最重要的任务之一。只有实现全程的冷链管理才能最大限度地保障生鲜的品质。目前，很多生鲜电商巨头都在集中精力打造全程冷链管理体系。例如京东，根据大闸蟹消费情况整理市场消费报告（封面如图4-1-1所示）；为了让消费者更放心地购买大闸蟹，京东通过技术手段将全程温度"可视化"，依托大闸蟹的产地直发协同仓和航空公司"大闸蟹头等舱"，实现了近300个城市48小时内鲜活送达，其中，近150个城市24小时内送达，上海、苏州等华东城市6小时内极速送达；联手京东金融推出"死蟹包赔险"，大大消除了消费者对生鲜产品是否全程保持新鲜品质的疑虑。

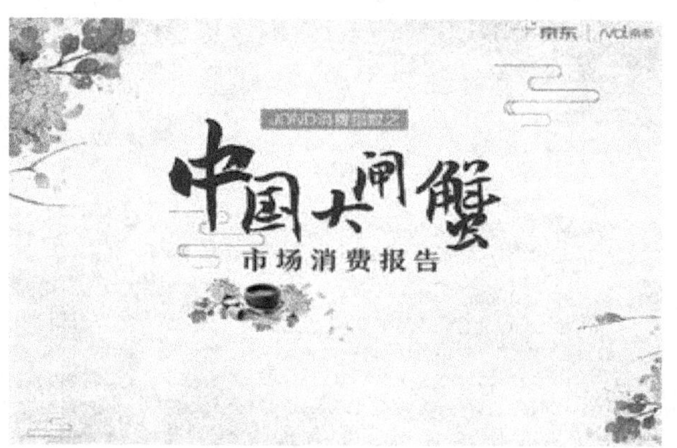

图4-1-1　中国大闸蟹市场消费报告封面

三、知识百宝箱

（一）生鲜

1．生鲜的概念

生鲜是指未经烹调、制作等深加工过程，只做必要保鲜和简单整理上架而出售的初级产品以及面包、熟食等现场加工品类的商品。

2．生鲜商品的特点

生鲜商品主要有肉品、海鲜、水产、水果、蔬菜、干货、日配、熟食糕点等（见图 4-1-2）。生鲜商品非常容易腐烂变质，因此保质期比较短，而且损耗率很高，需要在保鲜、冷藏、冷冻的条件下保存，对冷链配送的要求也极高。

图 4-1-2　生鲜商品

为了保证生鲜商品的品质，生鲜电商和供应商会千方百计地和时间赛跑，还要求在仓储配送的每个环节都“呵护”好它。那么什么是生鲜电商呢？

（二）生鲜电商

1．生鲜电商的概念

生鲜电商是生鲜商品电子商务企业的简称，其借助电子商务手段在互联网上直接销售生鲜类商品。

2．生鲜电商市场的交易规模

众所周知，生鲜是电商市场中门槛最高、要求最多的品类之一，需要物流、资金等一系列要素的支持和运营；而与此同时，生鲜也是复购率较高、市场规模较大的品类。

艾瑞咨询《2020 年中国生鲜电商行业研究报告》中的数据显示，2015 年生鲜电商市场交易总额为 497.1 亿元，而到了 2019 年上升至 2796.2 亿元，如图 4-1-3 所示。另有数据显示，2017 年月收入在 8000 元以上的中国生鲜网购用户占到 43.6%，如图 4-1-4 所示。

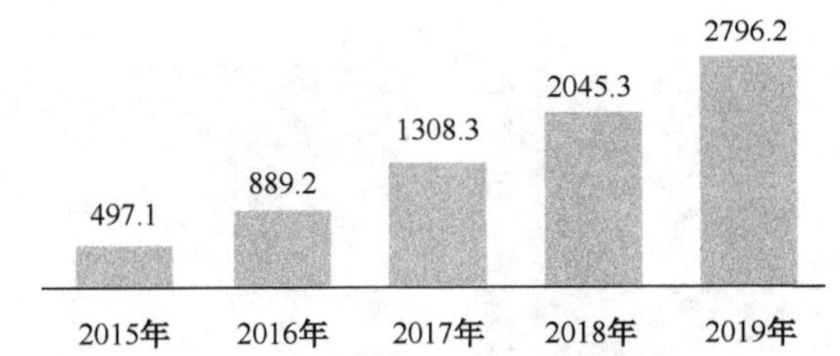

图 4-1-3　2015—2019 年中国生鲜电商市场交易总额（亿元）

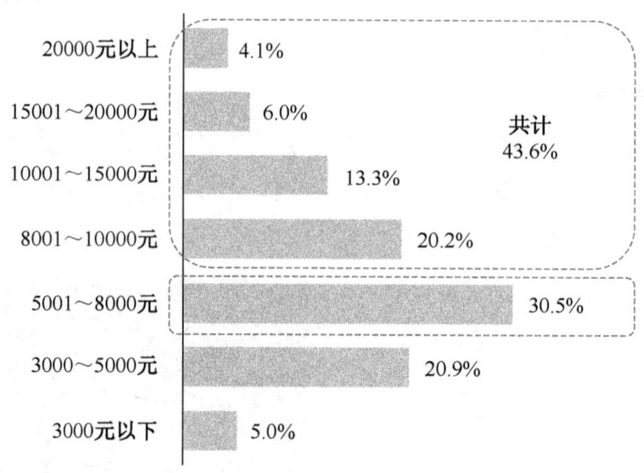

图 4-1-4　2017 年中国生鲜网购用户个人月收入分布

因此，高达数千亿元的生鲜电商市场规模，加之生鲜商品高消费频次、刚需的消费特性，会吸引大量企业投身其中，电商巨头也纷纷前来掘金。

3．生鲜电商模式

在国内市场，电商平台、传统的线下超市，甚至物流企业都踊跃地加入到了生鲜电商的激烈争夺战中。整体来看，生鲜电商模式大概有以下几种。

（1）综合电商平台，代表企业有京东生鲜、一号生鲜、苏宁易购、亚马逊。

（2）物流电商，代表企业有顺丰优选。

（3）食品供应商，代表企业有中粮我买网和光明食品集团的菜管家。

（4）垂直电商，代表企业有本来生活网和易果生鲜。

（5）农场直销，代表企业有沱沱工社。

（6）线下超市及社区生鲜 O2O，代表企业有苏宁小店、京东到家。现在不少生鲜电商涉足社区生鲜 O2O 配送，试图以此作为生鲜电商的突破口，是线上和线下相融合的模式。

（7）“超市+餐饮”模式。这种“超市+餐饮”的线上和线下相融合的创新模式，代表企业有阿里巴巴的盒马鲜生（见图 4-1-5）、京东的 7FRESH、永辉的超级物种。消费者可以到店购买，也可以通过 App 下单。此类门店一般开在居民聚集区，店仓一体，门店附近 3 千米范围内，30 分钟就能送货上门，可以做到极速配送。这种模式打造出了品质消费的场景，很多消费者愿意尝试，可以说为“超市+餐饮”的线上和线下相融合的模式树立了零售新业态的标杆。

图 4-1-5　盒马鲜生

（三）冷链物流

冷链物流泛指冷藏冷冻类物品在生产、储存、运输、销售到消费前的各个环节中始终处于规定的低温环境下，以保证物品的质量和性能的一项系统工程。它是以制冷技术为手段的低温物流过程，一直被国际物流行业称为“珠穆朗玛峰”地带，也被称为难啃的“骨头”。

冷链物流是一个非常庞大的系统工程，对比一般的常温物流系统，其要求更高、更复杂，资本投入也更大。冷链物流是影响生鲜电商发展的重要因素，只有搞好冷链物流，提高供应链能力，才能降低生鲜电商的成本，提高服务效率和服务水平，保证生鲜商品的品质，提升用户体验。

生鲜电商一开始并不被电商看好，让很多电商望而却步。2012 年下半年，有越来越多的电商开始做生鲜，认为生鲜市场是真正的高频、刚需市场，消费群体庞大，盈利能力很强，是电商领域最后的“一片蓝海”。

生鲜电商的发展促进了消费结构升级和消费模式创新，也给冷链物流带来了“一片蓝海”，冷链物流需求保持中高速增长。艾瑞咨询《2020 年中国生鲜电商行业研究报告》的数据表明，2015—2020 年，冷链物流规模持续上升。2015 年中国冷链物流规模为 1800 亿元，到 2019 年提升至 3391 亿元。其中 2016 年和 2019 年的冷链物流规模增速较快，分别达到 22.8%和 17.5%。

（四）冷链物流设备和体系

我国冷链物流有较大的发展空间。为了更好地服务于生鲜电商和消费者，保障生鲜农产品和食品的消费安全，必须推动冷链物流向前发展，从冷链物流设备到冷链运输、仓储、配送等环节都面临着升级换代，并且向精细化、智能化、平台化趋势发展。

主要的冷链物流设备和体系如图 4-1-6 所示。

图 4-1-6 主要的冷链物流设备和体系

1．冷链仓库

生鲜商品要求极为苛刻的仓配条件。生鲜冷链仓库一般有控温、冷藏、冷冻、深冷四大区。控温区的温度保持在 10～15℃，仓库工作人员一般在此温度下对生鲜商品进行预处理，如对叶子菜的细拣，按水果大小分拣，还有包装、称重等。冷藏区的温度保持在-4～0℃，主要存放奶制品、水果、蔬菜等生鲜商品。冷冻区的温度保持在-22～-18℃（见图 4-1-7），用于存放深水海鲜、冰激凌等生鲜商品。而深冷区的温度保持在-22℃以下。

图 4-1-7　京东冷冻仓库

有些生鲜电商会在冷链仓库里建立一个快检实验室。例如，京东就在大闸蟹产地的协同仓（见图 4-1-8）配备了这样的实验室（见图 4-1-9），针对大闸蟹进行氯霉素、孔雀石绿、重金属铬等指标的检验。这样做的目的是保证入库的全部产品都是合格产品，把所有问题产品拦截在仓库外面。不仅如此，从入库、分拣、包装到出库的很多环节都采用自动化和智能化作业，订单处理能力超强。

图 4-1-8　京东阳澄湖大闸蟹协同仓

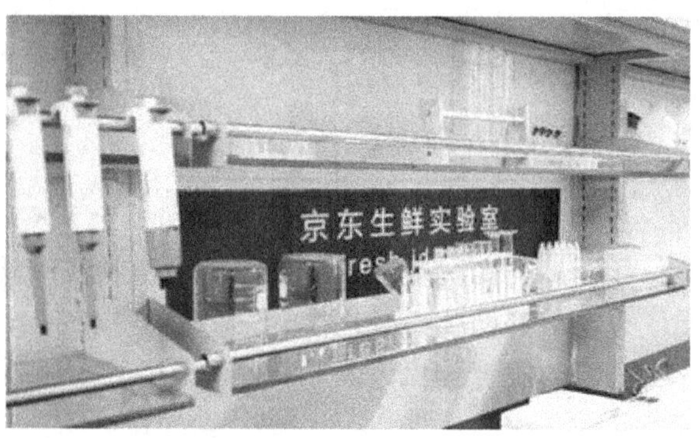

图 4-1-9　京东生鲜实验室

2．冷链运输工具

我国每年的冷链物流需求量正在呈几何级数增长，特别是食品、鲜活农产品、医药产品的需求量非常大，但是冷链物流基础设施十分不足，其中，冷藏车严重缺乏所导致的运力不足的问题尤为突出。近年来不少冷链物流企业纷纷加大了冷藏车的投入。除了需求量的增加，面对冷链物流市场的不断细化，物流企业对冷藏车的专业性也提出了更高的要求。运输肉类的肉挂车、带三温系统的冰激凌车、海鲜运输车、豆奶运输车等专用车型越来越受到冷链物流企业的欢迎。不过冷藏车的价格较高，根据车型和配置的不同，购置冷藏车的成本为 20 万元到 100 多万元。另外，冷藏车的运营费用较高，导致很多企业望而却步。

当然仍有不少资金实力雄厚的商业巨头，不惜花重金投入冷链设备，不仅购买足够多的冷藏车、冷链三轮车，自购飞机或者与航空公司合作开通绿色通道，而且成立专门的项目小组，研发物流无人机和机器人，以节省配送的时间和成本，为生鲜电商保驾护航。

例如，为了能让消费者吃到新鲜的大闸蟹，2011 年，京东特在阳澄湖等湖区专门配置了近 20 条航空线路以及多辆大规模冷链运输车。借助于京东物流与中国国际货运航空的深度合作，开通了机场绿色通道，将大闸蟹的机场交接时间由原来的平均 6 小时缩短了至少 3 小时，保证了近 300 个城市的消费者可在 48 小时内收到鲜活的大闸蟹，其中有 150 个城市的消费者可以在 24 小时内收到。因为只有具备了这些专业的冷链运输工具，才能保证全程冷链不间断，从而保证很短的物流时效。

为了保证生鲜商品的品质，冷链运输要求运输全过程开启冷机制冷，防止出现司机为省油而只在装卸货时开启冷机制冷，而在运输途中却关掉冷机导致生鲜商品变质的现象。另外，应根据不同生鲜商品不同的温度要求将冷机装在不同的冷链箱内，运输途中不能打开车门，防止屡次开门丢失凉气；装卸货时仓库出入口要与运输车辆车厢尾部“无缝衔接”（见图 4-1-10），尽量避免受到外界环境的影响，从而达到良好的冷藏效果。

图 4-1-10　无缝衔接

3．冷链保温箱和专业冷媒

生鲜冷链到户配送是冷链物流“最后一公里”的延伸，各大电商主要借助制冷设备（冷藏车）和保温设备（保温箱，如图 4-1-11 所示）两种方式进行配送。因为采用专业冷藏车配送入户成本高，加之优质保温箱的保温效果良好，所以国内大部分大电商采用“二段式”半程冷链，即城市之间用冷藏车运输，落地配或同城配送采用保温箱配送上门。

考虑到成本和回收问题，电商有时用泡沫箱（见图 4-1-12），里面放置干冰或冰袋。这种方式成本较低，一般泡沫箱的售价为 2～4 元，干冰的批发价为 8 元/千克，但是保温和冷藏效果不够好，最多能保持 50 小时。大的电商一般采用特质保温箱，箱子内部一般有蓄冷剂、防撞气垫和冰盒，造价在 300 元左右，可每次配送完毕进行回收再利用。对于这种保温箱，生鲜电商可自购，也可由第三方冷链物流公司提供。

图 4-1-11　保温箱

图 4-1-12　泡沫箱和冰袋

不同企业使用的保温箱有所不同。

本来生活网的保温箱由优质的 EPP（发泡聚丙烯，一种泡沫塑料）、珍珠棉等复合保温材料制成，里面添加高效蓄冷剂。在使用保温箱时要求配送途中不得开箱，以确保冷链不间断。

京东使用的冷链保温箱（见图 4-1-13）是由塑料和隔热箔制成的，四周留有夹层，可放置白色和蓝色两种冰板，其中，白色冰板（见图 4-1-14）用于冷藏保鲜品，蓝色冰板用于冷冻品，更重要的是，保温箱内有可视化的温度检测仪器，以确保每件生鲜商品可在特定温度下送达消费者。这种冷链保温箱有两个特点：一是环保，可以循环使用，性能和质量都比同行好得多；二是智能，集保温、定位、实时温度监测为一体，既可以长时间蓄温保冷，又能够通过京东云实时监测生鲜冷链包裹的地理信息、包裹内生鲜商品的温度及其他品控相关信息。京东消费者在平台上购买自营生鲜商品，可查看生鲜商品在仓储、运输、配送等各环节的温度反馈和实时位置。

图 4-1-13　京东冷链保温箱

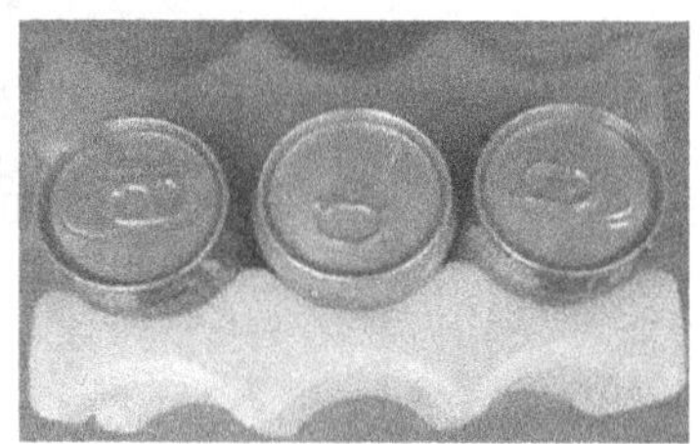

图 4-1-14　白色冰板

4．智能装备

物流是电子商务服务品质的关键因素，因此物流的发展必须紧跟电子商务的发展，特别是生鲜电商在前端急速开展，倒逼着冷链物流思谋进步之道，完善不足之处。目前，不少生鲜电商巨头和供应商不断升级自身冷链系统的设备，向专业化、精细化、智能化方向发展。下面以京东物流为例来介绍智能设备。

（1）温湿度监控器。为了让生鲜商品以最好的状态送到消费者手中，配送全程中的冷链仓库、冷藏车、保温箱都有智能温控硬件设备——温湿度监控器（见图 4-1-15），这样就可以随时采集各个节点的温湿度信息，然后与生鲜商品要求的温湿度进行比对，出现任何异常可以及时发出预警，以保证全程冷链不间断，保证生鲜商品的安全。可以说，京东物流在这方面已成为行业标杆。

（2）智能语音拣选器。为了大力提高冷链仓库仓储人员的拣选效率，减轻仓储人员的工作负担，京东物流目前已为其配备了智能语音拣选器。这种智能语音拣选器可戴在仓储人员头上，外观像个耳麦。拣选器听筒发出拣选指令，提示商品的位置信息，仓储人员可以根据提示找到相应的商品，再根据提示寻找下一件商品。整个过程非常流畅，不到 1 分钟，仓储人员就能拣选出约 10 件商品。

（3）智能眼镜。除上述设备外，京东物流还在探索智能眼镜、保温箱自动装冰及冰板自动码垛等新技术。智能眼镜主要应用于生鲜仓收货验收环节，可以实时将商品信息传输给供应商或品控人员，非常方便，还可节约千万元级的人工成本。

图 4-1-15　温湿度监控器

（4）冷链物流管理信息系统。冷链物流管理信息系统需要 GPS/GIS、RFID、ERP（企业资源计划系统）、GPRS（通用无线分组业务）、EDI（电子数据交换）技术、温度传感技术、物联网技术等的支持。冷链物流管理信息系统实现了全方位的物流监控，实时收集不同仓在配送各环节不同物流节点的温湿度和货物、车辆的地理位置等信息。图 4-1-16 所示为车载冷链运输监控体系。

图 4-1-16　车载冷链运输监控体系

在运输过程中，京东物流的冷藏车自带温湿度传感器，可以实时监测车厢内部的温度，并通过远程 GPRS 将数据传输给平台，还能超限报警。因为有 GPS 定位，所以平台可以查询冷藏车的行车路线和其他动态信息，方便平台及时跟踪货物状态，有效、合理地调度车辆。另外，京东还通过大数据，对消费者的消费偏好、消费能力等信息进行分析，将商品提前补到自有配送点（京东称之为移动仓），再配送到消费者，使商品距离消费者更近，实现畅销商品一小时送达。

中国物流与采购联合会冷链物流专业委员会发布的中国冷链物流企业百强榜（见图 4-1-17）显示，京东物流位列第二。能取得如此佳绩，得益于京东物流卓越的运营能力。生鲜网购消费者对京东生鲜电商的服务满意度均高于行业整体水平，物流配送优势明显。

2019中国冷链物流企业百强榜

——中物联冷链委独家发布

排名	企业名称
1	顺丰速运有限公司
2	京东物流
3	希杰荣庆物流供应链有限公司
4	新夏晖
5	上海郑明现代物流有限公司
6	上海光明领鲜物流有限公司
7	江苏卫岗供应链管理集团有限公司
8	济南维尔康实业集团有限公司
9	漯河双汇物流投资有限公司
10	江苏苏宁物流有限公司
11	深圳市泛亚物流有限公司
12	海航冷链控股股份有限公司
13	上海源洪仓储物流有限公司
14	中外运冷链物流有限公司
15	云通物流服务有限公司
16	北京澳德物流有限责任公司
17	南京天环食品（集团）有限公司
18	上海世权物流有限公司
19	上海久耶供应链管理有限公司
20	宇培供应链管理集团有限公司

图 4-1-17　中国冷链物流企业百强榜（前 20 名）

案例：易果生鲜

上海易果电子商务有限公司成立于 2005 年，其打造的易果生鲜平台为超过 2000 万名消费者提供蔬菜、水果、水产等产品的全年无休鲜活配送服务。易果生鲜的全品类生鲜全程冷链运输，保证送达时效和产品的安全美味。

2013—2016 年，易果生鲜先后获得了阿里巴巴和苏宁投资集团等商业大鳄数亿美元的战略投资，2014 年获得了天猫超市生鲜的独家运营权，年订单量增长达 400%；易果生鲜还和苏宁开展合作，双方致力于将 2015 年苏宁超市推出的线上生鲜品牌“苏鲜生”做大做强。易果生鲜除了把旗下 4000 SKU（库存保有单位）的生鲜商品进驻“苏鲜生”外，还为线下的苏宁社区 O2O 项目“苏宁小店”供货。

易果生鲜平台页面如图 4-1-18 所示。

图 4-1-18　易果生鲜平台页面

为了加强供应链能力，解决生鲜电商的供应链难题，易果生鲜于 2016 年收购了新加坡一家名为 SunMoon 的健康食品公司，还战略投资了联华超市。

为了提高生鲜冷链物流配送的服务质量，满足消费者更多样的需求，易果生鲜于 2018 年在“安鲜达”（见图 4-1-19）品牌的基础上推出了“驯鹿冷链”，在中国布局“三纵三横”的干线运输网络和上海、武汉、北京、广州等七大冷链转运中心，可以迅速连通中国各大生鲜产区。前者专注于生鲜宅配服务业务领域，后者专注于干支线的冷链物流运输配送。

图 4-1-19　安鲜达

任务 2　大件物流配送

一、任务导入

近日，深圳的王女士想对房屋进行装修，看到有很多邻居都在网上购买家居用品，甚至购买大家电和家具，于是也尝试在网上购买。她相中了两套防盗门，但是心里有些担心：第一，从浙江金华到深圳需要长途运输，门会不会破损？第二，大件物品能直接送到家门口吗？第三，怎么安装呢？很多人都是直接在实体店买门，店家送货上门且包安装，有一定的优势。但杜女士看的这家天猫店，门的款式很多，优惠活动很多，实付价格也很吸引人。此时，王女士很纠结到底要不要在网上下单。

二、任务分析

与轻小件商品相比，大件商品一般较重、体积大、价值高、易破损，必要时需要借助特殊的物流设备进行搬运，需要专业师傅跟进配送和安装，这是大件商品网购比例明显低于轻小件商品网购比例的重要原因。轻小件快递市场趋于饱和及增速缓慢给大件物流带来了机遇和挑战。而如何解决大件物流的难题，需要进一步了解大件物流和该行业的代表企业。

三、知识百宝箱

（一）大件物流的概念

大件物流是指与大件商品行业运输相关的物流，即大件商品流通领域产生的物流，不含大件商品生产前的与原材料采购、生产相关的物流。

大件物流主要包括大家电物流和家居物流两个细分领域，主要是按大件行业进行划分的，如图 4-2-1 所示。

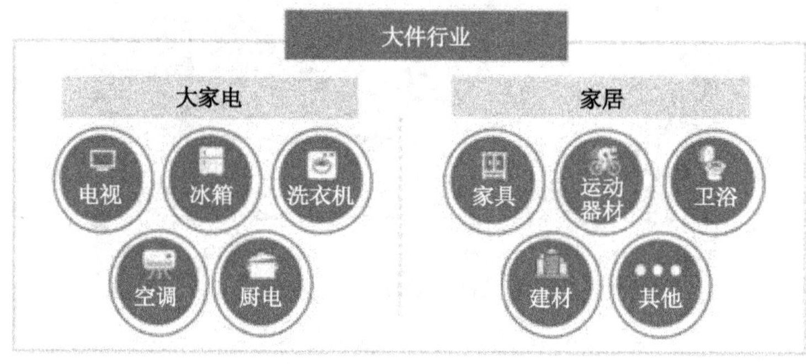

图 4-2-1　大件行业

（二）大件物流的痛点

大家电、家居等大件商品一般具有以下特点。

（1）商品体积大、货物重。

（2）货值高，物流成本高。

（3）易破损。

（4）需要专业人员和特殊运输车辆、搬运设备辅助配送入户。

（5）需要专业人员上门安装和售后。

以上大件商品的特点就是大件商品在仓储、运输、配送端的痛点所在，也是很多快递企业难以解决的问题。消费者对大件物流的抱怨主要集中在以下几点。

（1）买到送不到。由于物流运输配送网络有待改善，有些商品送不到三四线地区，尤其是农村地区。天猫某家居卖家坦言，在某年“双十一”活动当天，该店的目标销售额为1000 万元，但最后只完成了 60%，根本原因在于物流配送无法到达部分消费者指定的地点，因此这些欲下单的消费者最后放弃了下单。

（2）送到不上楼。从离社区最近的物流配送点到消费者家门口这“最后一公里”的配送，有些物流公司无法保证，一种情况是需要消费者自提，或者自掏腰包请物流公司送货上门；另一种情况是物流公司送到楼下，但是不送上楼，理由是公司有规定，如果想让配送人员送上楼，需要与其协商解决。

（3）上楼不安装。有些卖家的售后服务不包括免费安装；有些卖家让消费者选择是自主安装还是上门安装，而上门安装套餐是包含上门安装服务费的，所以消费者在购买商品时一定要看清楚服务的项目。另外，有些卖家即使承诺上门安装，也是送装分离，即送货和安装是先后进行的，不是一次性完成的，而且消费者有时需要多次预约才有人上门安装，售后很不及时。

（4）物流配送成本高。曾有一则新闻报道，网购消费者杜女士在网上购买了两套门，从浙江金华到广东深圳的物流费用是 150 元，但从龙华区的观湖配送点到她家不到 0.9 千米的路程，运费却要 100 元，从车上卸货进家还要另收 100 元。虽然嫌贵，杜女士也无奈地支付了“最后一公里”比从浙江到广东还高的运费。

“最后一公里”的末端配送慢、产品破损率高令消费者非常头痛。据了解，居家大件配送中，破损的大多是包装，所以大件商品的包装不仅要标准化，物流配送服务也应该标准化。

以上所列诸多问题严重影响了消费者的购物体验，导致消费者对大件物流配送服务的整体满意度较低，这也是过去多年大件商品网购比例远远小于轻小件商品网购比例的根本原因。服务标准不健全带来的物流服务跟不上、用户体验差等问题成为制约大件商品“上网”的痛点。这些痛点遏制了大件物流行业的健康发展。随着智慧零售的发展，大件物流在未来需要更注重消费者体验和服务模式的创新，致力于布局和发展完善的网点，以弥补网购大件商品时易买难送的短板。

（三）大件物流的市场规模

工业和信息化部赛迪研究院的数据显示，整个大家电行业市场规模从 2014 年到 2017 年逐年增长。2014 年大家电行业的线上渗透率为 15.56%，2015 年为 17.76%，2016 年为 19.95%，2017 年达到了 26.50%，增速非常快。

亿欧智库的数据显示，家居行业市场规模庞大，从 2014 年的 4.07 万亿元，到 2017 年的 4.25 万亿元，保持稳定增长。虽然家居行业线上市场交易额暂时只占了市场总额的 5%，但线上市场也不容小觑。

总体来看，大件物流市场规模持续扩大，相关研究报告亦证实了这一点，如图 4-2-2 所示。

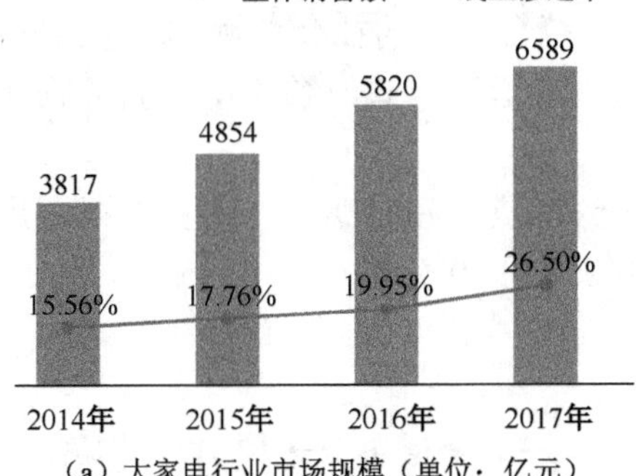

（a）大家电行业市场规模（单位：亿元）

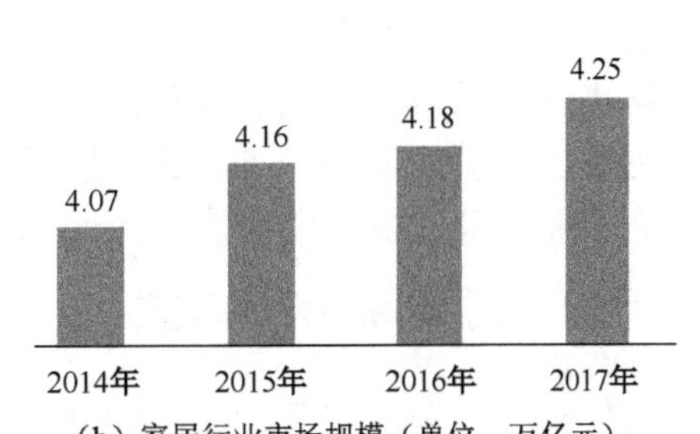

（b）家居行业市场规模（单位：万亿元）

图 4-2-2　中国大件物流（消费类）研究报告

近几年大件商品网购比例快速攀升，如在 2014 年以前，“双十一”淘宝、天猫平台的大件商品占比为 4%～5%，而这一数字在 2016 年已超过 20%，行业预测，到 2020 年以后，大件商品电商渠道占比将超过 50%。

由上述内容可以看出，在轻小件商品快递市场日渐饱和、增速放缓的情况下，大件物流将会迎来爆发期，跨区域的家电、家具、健身器材等居家大件商品消费数量的快速增长将推动大件物流行业快速向前发展。

（四）大件物流企业代表

大家电线上渠道主要有京东、天猫、国美、苏宁等，大家电线下渠道主要有美的、格力等家电品牌的专卖店、直营门店、连锁门店、商场超市等。家居渠道以线下为主，线上占比较小，线上渠道主要有京东家装、天猫家装、主营建材采购的九牧商城、主营装修设计的酷家乐等电商平台，线下渠道主要有各大家电品牌商在全国的各级代理商、批发商、销售商以及大型家居综合商场等。

为大家电、家居渠道提供物流服务的大大小小的物流企业和物流专线公司有很多，比较典型的企业代表有京东物流、菜鸟、日日顺、苏宁物流、德邦、顺丰速运、安得物流、安迅物流、一智通、居家通、联运汇等，部分企业标志如图 4-2-3 所示。

图 4-2-3　大件物流企业代表（部分）

下面简要介绍一下居家通和日日顺。

（1）居家通隶属于成都居家通物流有限责任公司，是一个主要提供家居长途物流、仓储、同城配送、安装、维修、保洁等服务的 O2O 平台，是天猫家装核心服务的供应商，其借助建材项目，成为天猫第一家可提供干、支、装全流程一站式服务的线上官方服务商。

（2）日日顺是海尔集团旗下的中国大件物流专业品牌，2013 年年底得到阿里巴巴注资，逐步打造成开放的物流平台。

2014 年，日日顺启动了车小微工程，以众包模式让符合条件的社会车辆、家电服务点、物流公司注册自主经营主体，通过系统派单、车小微抢单送装方式，解决电子商务物流中较难解决的“最后一公里”问题。

另外，日日顺还许下“极速送装、无处不达、按约发货、超时赔付、送货上楼、进村入户、专业服务、免费安装”8 项承诺，从下单到签收不到 20 分钟。

（五）大件物流 B2C 模式

大件物流主要采用 B2B 物流和 B2C 物流两种模式，线上渠道主要采用 B2C 物流模式，线下渠道主要采用 B2B 物流模式。大件物流 B2B 模式比较成熟，运营也比较简单，而 B2C 大件市场比 B2B 大件市场对物流服务的要求更高，C 端（消费者）不仅要求将大件商品送货上门，还要求提供安装及售后服务，因此重点介绍大件物流 B2C 模式。

1. 大家电 B2C 物流模式

大家电 B2C 物流模式以仓配一体模式为主，运营上由仓储网络和宅配网络两部分构成，如图 4-2-4 所示。

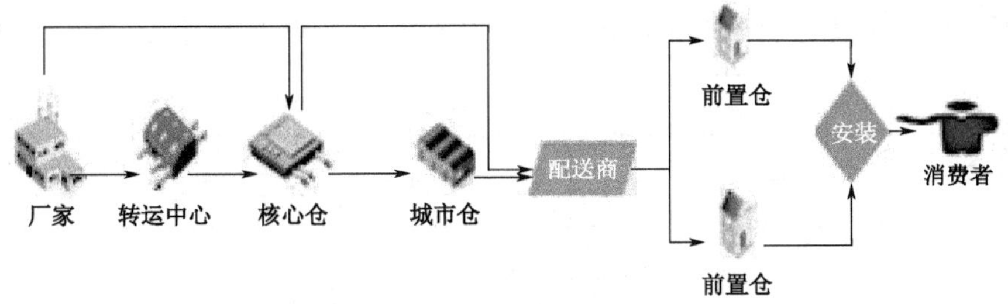

图 4-2-4 大家电 B2C 物流模式

仓储网络主要由核心仓、城市仓和前置仓三级网络构成，核心仓是一级仓，是区域的供货中心，一般在北京、上海、杭州、广州等大城市布局；城市仓是二级仓，一般在主要的省会城市布局；前置仓是三级仓，一般根据业务量进一步将网络下沉至下一级行政区域。三级网络之间通过转运中心进行货物的调拨，以平衡库存及使其成本达到最优水平。宅配网络要求当地第三方落地配公司或者自营体系的分部每日完成定点仓库提货和交付消费者的任务。

2．家居 B2C 物流模式

家居 B2C 物流一般包含揽货入仓、干线运输、支线运输、上门安装和售后服务五大环节，如图 4-2-5 所示。因为市场中对五大环节有不同的渗透率，所以出现了如表 4-2-1 所示的 4 种不同模式。

图 4-2-5 家居 B2C 物流环节

表 4-2-1 家居 B2C 物流的 4 种模式

模 式	定 义	代表企业
干线+个体安装	专线公司负责干线运输，消费地个体经营者负责送货和安装	无
干线一体化	专线公司负责干线运输，在消费地和工人合作，向消费者提供末端的安装服务	联运汇
干支装一体化	在产地和消费地设仓，在产地揽货，组织干线运输，在消费地组织送货和安装	一智通
物流+送装服务平台	商家找专线公司负责干线运输，再通过送装服务平台完成服务	菜鸟

（六）大件物流的特征和发展趋势

1．大件物流的特征

大件物流与小件快递在货源结构和运输配送模式等方面都有不同的特点，因此具有天然的特殊性。小件快递服务链条短，大件物流服务链条长，需要送货上门、安装、维修、逆向物流等专业化物流服务支撑；小件快递的订单渠道以线上为主，而大件物流的订单渠道以线下为主，需要与线上结合，错峰接单，保证业务量的持续性；小件快递容易实现标准化、自动化和智能化，而大件物流的标准化、自动化和智能化的实现难度都很大，需要依赖于智慧化的大数据分析。综上所述，大件物流与小件快递的特征如表 4-2-2 所示。

表 4-2-2　大件物流与小件快递的特征

特征类型	小件快递	大件物流
货源属性	质量小，体积相对较小	质量大，体积大
服务链条	服务链条短，配送入户即可	服务链条长，需要送货上门、安装、维修、逆向物流等专业化物流服务支撑
订单渠道	以线上为主	以线下为主，需要与线上结合，错峰接单，保证业务量的持续性
标准化、自动化和智能化的实现	难度小	难度大

2．大件物流的发展趋势

购买大件商品的消费者非常重视商品的品质以及带来的体验。在无界零售时代，有涉足餐饮、酒店行业的大众点评网及携程网 O2O 的成功案例，大件物流选择线上和线下融合之路势在必行，消费者的消费体验满意度也会大大提升。例如，消费者可以在家居产品体验店现场体验商品的特性和功能，可以利用现代先进的 VR 技术或 3D 打印技术看到 3D 整装效果，效果满意即可在线上下单，由物流供应商提供干支装一体化服务。

案例：京东物流

京东物流隶属于京东集团，是一家拥有中小件、大件、冷藏冷冻仓配一体化物流设施的电子商务物流企业。

京东大件物流网络，无论是仓储布局、末端覆盖，还是服务质量，均处于大件物流行业的领先地位。

1. 健全的大件物流网络

2018 年 5 月的《中国大件物流（消费类）研究报告》中的数据显示，京东物流已成为全国拥有最大规模基础设施的物流企业，物流基础设施所占面积超过 1200 万平方米，在全国拥有 500 多个物流中心，投入使用 14 个“亚洲一号”智能物流中心，拥有 10 万辆物流服务车辆，配送网络覆盖中国大陆的全部行政区县、28000 多个乡镇、近 60 万个行政村，有约 5000 个安装网点、2000 家京东帮、8000 家家电专卖店、10 万名安维工程师。

2. 优质的大件配送服务

（1）大件配送特色服务。京东物流推出了 8 项大件配送特色服务，分别是 211 时效、半日达、次日达、定期达、长约达、自动预约、闪取闪退、京准达，如图 4-2-6 所示。另外，京东物流还提供了开箱验机、货到付款、POS 机刷卡、免费上门换新取件等服务。特别是闪取闪退服务，消费者从申请到完成退货/退款最快只需 2 小时，相比同行业大件商品 3～7 天的退货/退款流程简单、快速，大大提高了消费者的体验度和信任度。

（2）“十项全能”服务。京东大件物流在同行业中处于领先地位，其核心竞争力主要体现在仓储、配送、快运、调拨、安装、商流、数据、逆向、客服、金融“十项全能”服务能力以及仓储网、配送网、农村网等六网融合的能力，如图 4-2-7 所示。这些能力使京东大件物流八成以上的订单实现了当日达或次日达，做到了可视化、高效率的运输与配送，使城市和农村的消费者享受了送装一体服务、方便及时的退货/换货服务及售后维修服务。

图 4-2-6 京东物流大件配送特色服务

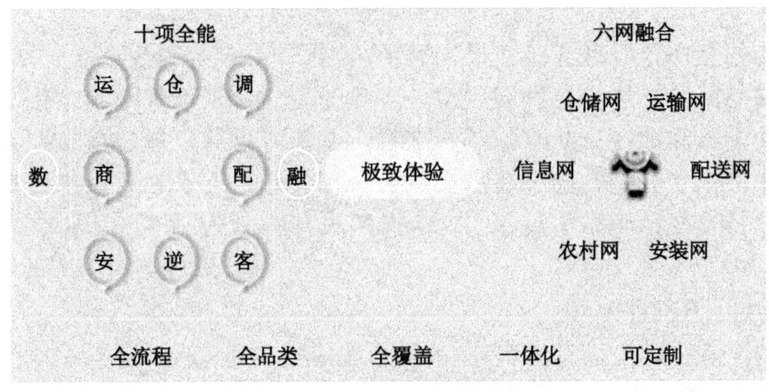

图 4-2-7 京东大件物流的核心竞争力

（3）京东帮服务店。京东大件物流推出京东帮服务店（见图 4-2-8），陆续将大家电京东帮服务店在全国县级城市铺开建设。京东帮服务店是为县域及农村消费者提供代客下单及大件商品送货、安装、维修、退换一站式服务的京东授权服务合作商，有助于从根本上解决农村消费者购买大家电价格高、品类少、不送货、安装慢、退货难等问题，也有助于打通农村电子商务的“最后一公里”。

图 4-2-8 京东帮服务店

思考：京东物流是如何做到处于领先地位的？

任务 3 快速消费品物流配送

一、任务导入

“6·18”年中大促时，小丽在网上购买了自己喜欢的化妆品和巧克力、薯片、坚果等零食，她在满心欢喜地等待“战利品”能尽快到来的同时，也担心经过长途跋涉，巧克力会融化或者化妆品会变质。另外，她很想知道这些商品是如何运送过来的，也想知道运送过程中的一些流程。下面我们就来帮她解答以上疑惑吧！

二、任务分析

尼尔森发布的全球互联商业研究报告显示，中国是当今全球公认的大型电子商务市场，尤其是消费类商品网购市场快速发展，超过半数的受访者表示曾网购食品、杂货，这些数据都领先于其他国家和地区。从全球范围来看，在新鲜果蔬、包装食品、美容和个人护理类等商品上，中国消费者更倾向于在网上购买。相关业内人士表示，在线零售为消费者提供了多条购买途径及多种商品与服务，这是前所未有的。

三、知识百宝箱

（一）快速消费品的概念及特点

快速消费品是指消费者消耗速度快，同时需要不断重复购买的商品，如图 4-3-1 所示。

图 4-3-1　各种快速消费品

快速消费品的主要特点如下。

（1）单品价格较低，消耗速度快。

（2）便利性强。

（3）随机性比较强。

（4）可替代性强。

（二）快速消费品物流的特点

快速消费品物流是指快速消费品从制造商、分销商、零售商到消费者的流动过程，主要包括供应物流、销售物流、逆向物流等环节。相对于其他消费品物流，快速消费品物流具有如下特点。

1．物流对象种类多，物流复杂化程度高

快速消费品品种繁多，涉及日用品、包装食品、饮料、米面、烟酒等，而不同类型的商品各有其自身特点，因此对物流有不同的要求，例如，易碎、怕压的商品在物流方面需要专业的操作和专业的运输等。因此，物流对象的多样化致使其对物流的要求也呈现多样化的趋势，从而提高了物流复杂化程度。由于快速消费品的单品价值较低，所能赚取的利润空间不大，所以制造商对物流成本极为关注。因此很多供应商开始通过物流外包的方式降低流通过程中产生的成本。

2．物流配送量波动大，订单量大

连锁经营是快速消费品的主要经营方式。连锁企业店铺多且分布广泛，订单量大，配送日趋呈现出小批量、多品种、高频度的趋势，对配送灵活性的要求越来越高。另外，有些订单有时间要求，如有些产品只有在某段时间内才可以送货，有些店铺甚至要求一天送两次货。

3．涉及领域广，供应作业环节多且复杂

前已述及，快速消费品物流涉及供应物流、销售物流、逆向物流等，除了要进行运输、储存、包装、装卸搬运作业外，还要进行拆零、拼装、补货、更换商品等操作。其中，供应作业环节多且非常复杂，末端配送需要物流网络强有力的支持，不仅要求物流配送系统专业、稳定且成熟，而且要求根据不同企业业务流程的特点选择合适的运作模式。

4．物流质量要求高，库存周期短

快速消费品与人们的日常生活密切相关，因而，要满足现代消费的多样化、个性化、新鲜化和无害化的要求，就要对商品保质期和物流质量严格要求。而快速消费品因为生产周期和库存周期短，所以对库存配置、运输配送及渠道管理的要求很高。另外，由于各地区产品的差异化和销售的全国化，物流提供商容易获得回程订单，因此，快速消费品对物流系统的集成化和信息处理能力的要求较高。

（三）快速消费品物流模式

快速消费品物流模式是快速消费品从制造商到消费者之间的流动路径，是企业对物流所采取的基本战略和方法。因此，选择合适的物流模式是成功构建快速消费品物流体系的前提。根据物流服务主体的不同，快速消费品物流模式主要有以下 5 种。

1．以自营为主的物流模式

以自营为主的物流模式分为以企业自营为主的物流模式和以制造商自营为主的物流模式。其中：前者表现为经销商或连锁企业店铺等快速消费品经销企业通过筹建物流配送系统，以自己为主组织快速消费品物流活动，这种物流模式的特点是快速消费品经销企业有较强的自我控制能力，企业可以获得最大的自主权和自由度，有利于协调总部和连锁分店或经销点的关系；后者表现为快速消费品制造商为了有效控制终端网络，提升消费者对品牌的忠诚度，自建物流配送中心、专卖店与连锁店，并以自己为主组织物流活动，这种物流模式系统化程度较高，有利于快速消费品制造商实现生产和销售的一体化作业，可满足企业对外进行市场拓展的需要。

2．物流联盟模式

物流联盟是以物流为合作基础的企业战略联盟。它是指两个或多个企业为了实现自己的物流战略目标，通过各种协议、契约而结成的优势互补、风险共担、利益共享的松散型网络组织。在现代物流中，是否组建物流联盟成为企业物流战略的决策内容之一，其重要性不言而喻。

3．第三方物流模式

快速消费品经销企业把主要物流配送业务承包给第三方物流企业、其他大型连锁企业或制造商，可有效完成仓储和配送任务，是快速消费品经销企业发展的必然选择。专业化物流企业作为快速消费品经销企业的主要物流承包商，其拥有高效的物流网络体系、较完善的专业化物流运作程序，可实现专业化物流配送，提高企业的物流水平。可见，该物流模式的特点是能充分利用社会资源，使快速消费品经销企业将精力集中于核心业务，减少对固定资产的投资，加速资本周转，规避风险，实现物流配送环节的高效和专业，节约经营成本；但该模式存在物流成本不确定性大、提供个性化物流难度大、物流外包信用风险大等障碍。

在快速消费品市场，无论是制造商、品牌商还是经销商，在物流服务方面大多采用社会化的第三方物流资源，以期获得专业化的仓储、运输及其他增值服务。但是，在第三方物流资源的利用被发挥到极致的同时也暴露出了平台上的竞价模式对第三方物流服务企业利润的碾压所带来的服务隐患问题。

4．第四方物流模式

近些年，以阿里巴巴的菜鸟物流为代表的第四方物流企业因通过整合和管理第三方物流资源为客户提供一揽子物流解决方案而活跃在城市配送市场。第四方物流作为方案集成商，除了要提出供应链管理的可行性解决方案外，还要对第三方物流资源进行整合，统一规划。

案例：菜鸟物流

阿里巴巴成立于 1999 年。2003 年“非典”爆发时迎来电商行业的春天，淘宝电商平台应运而生，随后京东、苏宁等电商平台相继酝酿并诞生。2008 年以后，消费者对商品品质越来越重视，电商平台便开始从 C2C 向 B2C 转型，但阿里巴巴旗下的天猫虽从商流层面进行了改变，却忽略了物流的建设，延续的仍然是淘宝 C2C 的通达系网络配送方式。

2007 年，自建仓配体系的京东、苏宁、1 号店、国美等平台借助仓配模式给消费者带来了较好的物流体验，并迅速蚕食阿里巴巴的市场份额，促使阿里巴巴不得不考虑提升物流服务水平。

基于时间成本和阿里巴巴互联网平台基因的考虑，阿里巴巴最终选择了平台整合改造的网络化思维，并于 2013 年 5 月成立菜鸟物流。经过多年的发展，菜鸟物流从布局期的整合仓干配，到成长期的系统优化和大件仓配，再到加速期的高时效产品，发展迅猛，截至

2019 年 6 月，已实现全国 354 个城市当日达。

5．智慧物流模式

在新零售爆发式增长、消费者服务需求和消费体验升级等新形势下，业界普遍认为中国智慧物流势在必行。智慧物流以信息技术为支撑，在物流的运输、仓储、包装、装卸搬运、流通加工、配送、信息服务等各个环节实现系统感知，从而获取动态的物流全链路实时数据，并在此基础上借助大数据、云计算等技术手段实现全面分析、及时处理及自我调整功能，进而提升物流效率，扩大物流规模。

任务 4　仓配一体化物流配送

一、任务导入

在 2017 年的“双十一”购物狂欢节，小丽正在选购自己心仪的商品，突然手机推送给她一条新闻：“2017 天猫‘双十一’首单包裹已经被顺利签收！从下单到签收，仅仅用了 12 分 18 秒!”小丽惊讶极了，自己还在抢购时，快递公司就已经将包裹送到买家手中，真是神速！小丽心存疑问：这位买家，你家在快递公司楼下吗？如此迅速的配送，是如何做到的呢？下面我们就来帮小丽解答以上疑惑吧!

二、任务分析

业内相关人士分析，随着电子商务的高速发展，单一作业模式已无力支撑电子商务市场的需求，因此为适应整个市场的发展，传统仓储物流企业开始将业务向电子商务配送物流转变。电子商务仓储和电子商务配送物流的有效结合成为提升物流效率的关键因素。在消费者对物流配送体验的要求日渐提高的情况下，对后端仓储和配送的要求也随之提高了。为了能提供优质的服务，很多传统仓储和配送企业都将业务延伸到了仓配一体服务领域，期望能为客户提供下单后的一体化解决方案，也就是当企业将订单发送给提供仓配一体服务的物流企业后，后续的合单、库内作业、发运配送、拒收返回、上下游的账务清分等全部由该物流企业完成。

三、知识百宝箱

仓储和配送是物流企业的基本职能，然而在新零售时代下，越来越多的线上与线下集成、按单定制、降低库存水平、高频次、小批量、快速到货等服务需求向传统物流模式提出挑战。在面向 B 端（企业）的服务中，为了能获得规模化的运作效率，物流企业需要先整合规模型 B 端商业客户的高频性、计划性订单，以及小型 B 端商业客户的小批量、多频次订单，然后以高效的方式完成接单后的一体化服务，所谓仓配一体化就是在这样的背景下形成的。

（一）仓配一体化概述

仓配一体化服务旨在为客户提供一站式仓储和配送服务。仓储和配送作为电子商务后端的服务，主要解决卖家货物配备（集货、加工、分货、拣选、配货、包装）和组织送货。

现代物流的仓配一体化实质上是指在互联网环境下仓储和配送的无缝结合。原来传统的简单的进、销、存管理已经满足不了现代物流服务的需求，单点、单仓也无法满足现代物流的进一步发展。因此，传统的仓储企业和第三方物流企业都快速向仓配一体化的物流模式转型。

特别是在电子商务行业，仓配一体化需求更迫切。这是因为电子商务改变了传统的经营模式，由以前的 B2B 变成了 B2C，而大多数电商又不具备做好仓储配送的能力，从而加快了传统物流企业的转型。以前，电子商务物流多由卖家自己解决，即当买家下单后，由快递公司上门取件。但随着消费者对电子商务物流服务的要求越来越高，很多品牌商和平台商家发现，为了满足最终消费者订单快速完成的需求，急需实现库存本地化。另外，还有一些借力电子商务平台发展起来的以买手团队为主的新型企业，根本没有管理仓库的经验，因此大多数都考虑将仓储任务交给电子商务平台或快递企业，由其完成仓储管理、商品拣选、包装、上门配送，以实现商品快速交付。从 2013 年开始，顺丰、申通、圆通、天天、中通、宅急送等快递企业开始试水仓配一体化业务。随后，仓配一体化业务快速发展，一大批围绕快速消费品提供物流服务的网仓企业兴起，仓配一体化渐成物流行业发展趋势。

仓配一体化模式举例如图 4-4-1 所示。

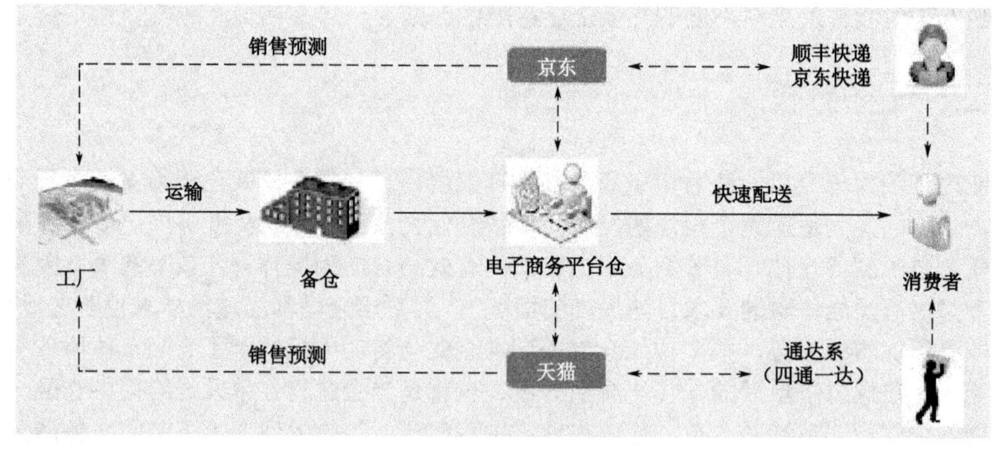

图 4-4-1　仓配一体化模式举例

（二）仓配一体化的基本模式及其优势

1. 基本模式

仓配一体化的基本模式是将收货、仓储、拣选、包装、运输、配送等功能集成起来，由一家企业来完成，服务贯穿于整个供应链的始终，如图 4-4-2 所示。比起各环节分离的物流模式（见图 4-4-3），仓配一体化简化了商品流通过程中的物流环节，有助于缩短配送周期，提高物流效率，促进整个业务流程无缝对接，实现货物的实时追踪与定位，减少物流作业差错率。同时，货物周转环节的减少，有助于降低物流费用和货物破损率，因此可以根据供应链的性质和需求定制服务流程。

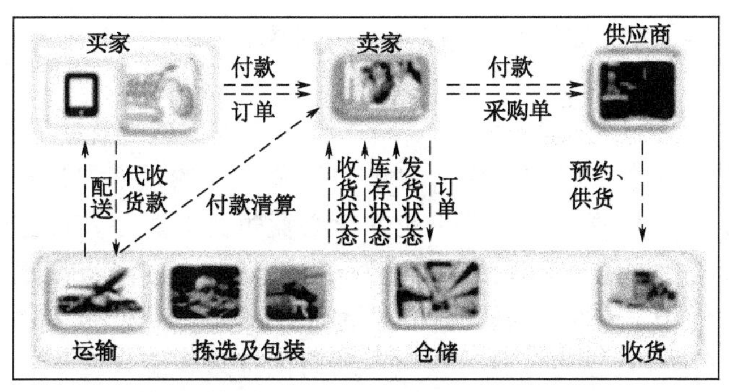

图 4-4-2　仓配一体化的基本模式

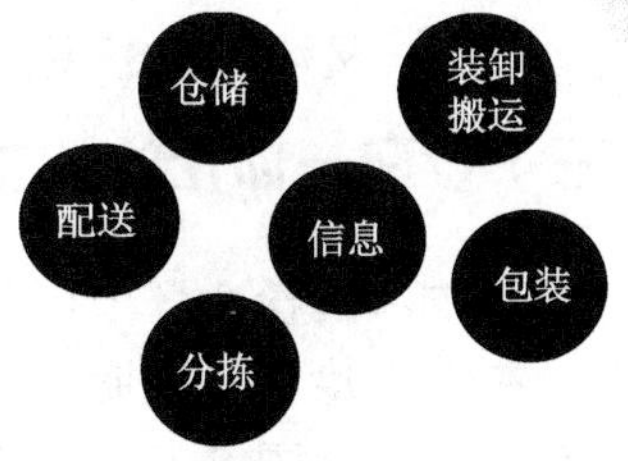

图 4-4-3　各环节分离的物流模式

2．仓配一体化与合同制物流

合同制物流的服务范围不仅涉及货物装卸、运输、仓储业务，而且涉及客户的销售计划、库存计划、订货计划、生产计划等整个生产经营过程。与合同制物流企业相比，快递企业、电商物流企业坚持资产型投入，物流网点数以千计，配送队伍数以万计，网络覆盖能力强，为实现全国范围内的仓配一体化服务打下了坚实的基础。仓配一体化支持批量更小、频次更高的物流，既可服务 B2B 领域的大批量物流，又可实现 B2C 领域的包裹仓储、分拣和配送，业务兼容性强，反应灵敏。在电子商务高速发展的今天，越来越多的物流包裹由合同制物流企业流向京东物流等电子商务物流企业与顺丰、四通一达等快递企业。

仓配一体化与合同制物流的对比如图 4-4-4 所示。

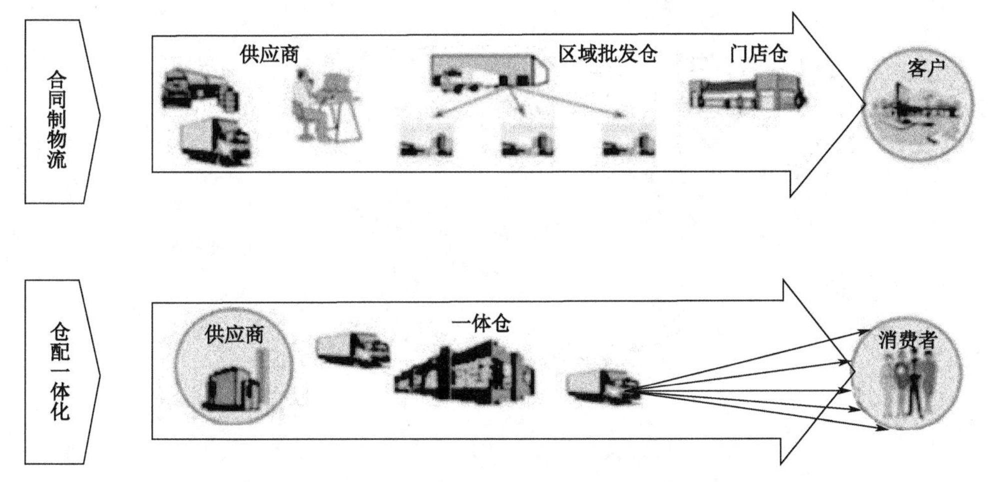

图 4-4-4　仓配一体化与合同制物流的对比

3．仓配一体化的优势

仓配一体化既能节省仓储成本和物流运输成本，又能有效提高存货的周转率，还能改善客户体验。首先，将货物集中存放，可以实现仓储成本的规模经济；其次，货物出仓后的统一配送成本低于卖家从单个仓库统一发货的成本；再次，通过电子商务物流的网络，将货物统一运往一体仓，可减少揽件成本和运输费用；最后，通过销售大数据库，商家在客户下单前就能用算法预测出当地的出货量，并提前在相应的大区仓库铺货，这既可节省电子商务物流的运输费用，又可大大缩短快递时间，最终提高存货周转效率，改善客户体验。

（三）仓配一体化的需求现状

仓储是物流的核心环节，其布局代表着供应链的布局，决定着订单履行的效率和订单可得性。在无限追求物流服务体验的今天，有效仓储就是企业的核心竞争力。大多数商家的客户都是遍布全国，但是能在全国几百个城市设置仓库，实现一百千米左右的经济配送的企业却较少。即便超大企业能够支撑地市级仓的布局和建立，也无法雇用十几万个配送队伍实现一体化配送。如果采用“自有仓储+第三方配送”模式，所有的订单包裹还需要进入快递公司的转运中心进行二次分拨，会导致配送周期延迟一天，时效性大打折扣。因此，全国性的“多仓+一体化配送”成为仓配一体化的基础需求。

（四）仓配一体化的发展趋势

仓配一体化的出现，无疑是新零售市场渠道重组、互联（物联）网技术发展的结果，因此其未来发展规模和发展速度也会与其有必然的联系。

随着网络经济的发展，传统仓储物流企业为适应整个市场的发展，开始向现代物流模式转变，单一作业模式已无力支撑现代市场需求，因此各大物流企业都在将业务向综合型物流方向发展，纷纷建仓，力争实现仓配一体化。

仓配一体化协作图如图 4-4-5 所示。

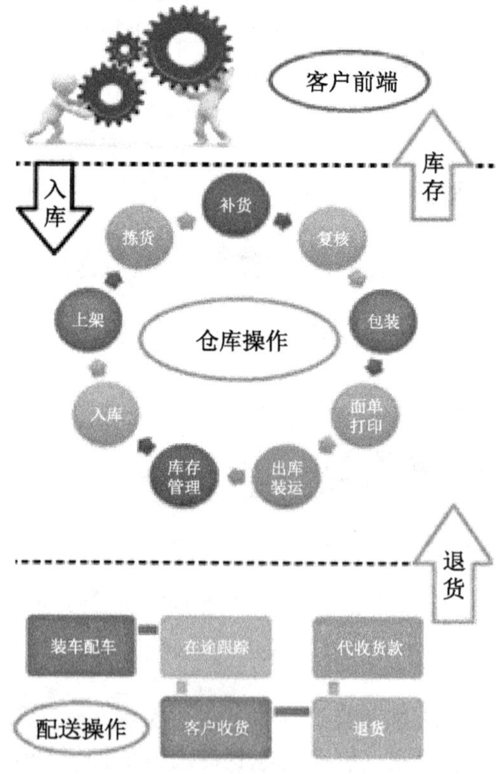

图 4-4-5　仓配一体化协作图

阿里巴巴的菜鸟具备天然优势，能够较好地控制货源。一方面，菜鸟针对自营的天猫超市实施自营仓储，具体仓储管理外包给供应商；另一方面，与仓储企业合作。由于物流企业与电商接触密切，因此阿里巴巴对电商具有掌控力，掌控了货源也掌控了快递配送的起点，这一点对物流企业的影响很大。

顺丰打造电商产业园，靠近电子商务企业建设自身的仓储配套设施，打破了菜鸟与货和仓的控制关系。仓是最接近货的场地，对配送产生的影响很大，迫使各大物流商纷纷建仓。所以，对于 B2C 商家乃至 C2C 商家来说，仓配一体化是未来电子商务物流的主要模式。

案例：京东物流与李宁公司的仓配一体化合作

截至 2019 年 12 月 31 日，京东物流运营的仓库超过 700 个，总物流仓储面积达到 1690 万平方米。依托自建物流配送体系，京东物流充分发挥供应链、仓储、物流、技术优势，不断提升自身在物流领域的综合竞争力。

与著名服装品牌李宁的合作，是京东物流改善实体企业物流的一个典型案例。此前，李宁公司线上、线下仓储分立，库存存在冗余现象，经营业绩因此受到很大的影响。

京东物流与李宁公司于 2015 年 9 月开始合作，李宁公司将全部订单接入京东物流位于北京、上海、广州的 3 个仓库，打通了全渠道订单，使用京东物流履约，实施了仓配一体化，对线上、线下库存进行集中管理。工厂生产出来的商品集中到一个仓库里，用同一个仓库向经销商、门店、C 端消费者等不同渠道供货。线上、线下全渠道库存共享，最大限度地利用京东物流的库存资源，既可节省李宁公司的库存面积，又可提升传统供应链的效率，缩短了经销商和门店的补货时间。

京东物流以短途快递取代长途快递，既可缩短李宁公司商品的到货时间，又可提升消费者的网购体验。在门店配送方面，通过京东仓发送到京东分拣中心，单少的时候，由京东物流站点配送到门店，单多的时候，由京东物流车队直送到门店。O2O 配送依据的是门店到消费者的距离：3 千米内由门店发货，经京东配送员送至消费者；3 千米外由京东仓发货，通过分拣中心发往站点，最终送至消费者手中，从而减轻门店补货压力。

实践证明，李宁公司与京东物流深入合作之后，库存冗余情况大大改善，物流成本有效降低，物流效率获得提升，利润效益显著改善。

任务 5 跨境电子商务物流配送

一、任务导入

小丽在网易考拉（已更名为“考拉海购”）网站上下单了韩国品牌 IT'S SKIN（伊思）的晶钻美肌蜗牛修复洗面奶等一系列进口美妆产品，但很担心由于路途遥远而带来的物流问题，如果迟迟不到货会很糟心的！那么，小丽的担心是否多余呢？

二、任务分析

在电子商务浪潮下，中国的网购规模很大，国内消费者在享受线上购物便利的同时，对部分国外的高品质商品也日益关注。对于国外商品，从原来的代购浪潮到现在的“海淘”，中国跨境电子商务交易规模不断增长，跨境电子商务物流也随之而来。要了解跨境电子商务物流是否会延迟、配货效率如何等问题，就必须了解跨境电子商务的物流模式。

三、知识百宝箱

（一）跨境电子商务的概念

跨境电子商务是指分属不同关境的交易主体，通过电子商务平台达成交易、进行支付结算并通过跨境物流送达商品、完成交易的一种国际商业活动。

在“一带一路”倡议推进的大背景下，跨境电子商务交易规模不断扩大，2015 年我国跨境电子商务交易规模为 5.4 万亿元，同比增长 28.6%；2016 年我国跨境电子商务交易规模增长到 6.7 万亿元，同比增长 24.1%，“海淘”用户规模达到 4100 万人次；2017 年我国跨境电子商务交易规模突破 7 万亿元，同比增长 30.7%。中投顾问预测，2018—2022 年，中国跨境电子商务交易规模年均复合增长率约为 23.12%，2022 年将达到 23.3 万亿元，届时，我国跨境电子商务交易额占进出口总额的比重将达到 37.6%，跨境电子商务在对外贸易中所占的比例越来越大。跨境电子商务迅速发展成为我国对外贸易的新的经济增长点，会成为我国外贸名副其实的重要组成部分。

（二）跨境电子商务的分类

跨境电子商务按进出口方向可分为出口跨境电子商务和进口跨境电子商务；按交易模式可分为 B2B 跨境电子商务和 B2C 跨境电子商务。其中，中国出口跨境电子商务的主要模式如表 4-5-1 所示。

表 4-5-1　中国出口跨境电子商务的主要模式

模　式	平台分类	典型企业
B2B	信息服务平台	阿里巴巴国际网、Toocle3.0（生意通）、中国制造网、环球资源网
	交易服务平台	大龙网、易唐网、敦煌网
B2C	开放平台	ebay（易趣）、亚马逊、全球速卖通
	自营平台	兰亭集势、环球易购、米兰网

中国电子商务研究中心的监测数据显示，2016 年中国跨境电子商务的进出口结构中，出口占比达到82.08%，进口占比达到17.92%；而交易模式结构中，B2B 交易占比达到88.7%，B2C 交易占比达到 11.3%。从结构上看，出口跨境电子商务和 B2B 交易占比较高，不过近几年中国进口跨境电子商务和 B2C 交易规模也在持续增长。

（三）跨境电子商务的典型平台企业

1．出口跨境电子商务平台及服务商

主要出口跨境电子商务平台及服务商如下。

（1）出口跨境 B2B 平台：阿里巴巴国际站、Toocle3.0（生意通）、敦煌网、环球资源网、中国制造网、大龙网等。

（2）出口跨境 B2C 平台：全球速卖通、亚马逊、兰亭集势、eBay（易趣）、跨境通、米兰网、环球易购等。

（3）第三方服务商平台：出口易、PingPong 金融、汇通天下、中国邮政、UPS（美国联合包裹运送服务公司）、TNT（天地国际运输代理有限公司）、顺丰、DHL（中外运敦豪国际航空快件有限公司）、FedEx（联邦快递）等。

2．进口跨境电子商务平台

主要进口跨境电子商务平台有考拉海购、天猫国际、唯品国际、京东全球购、聚美极速免税店、小红书、洋码头、宝贝格子、蜜芽、宝宝树等。2009—2015 年，这些进口跨境电子商务平台相继成立，纷纷争夺跨境电子商务市场。

中国消费者对于跨境商品的认知度越来越高，可以预见，在政策层面保持利好的情况下，进口跨境电子商务市场将保持平稳增长。中国电子商务研究中心的监测数据显示，按 2016—2017 年整体交易额计算，排名第一的是考拉海购，占据 21.4%的市场份额；排名第二的是天猫国际，占据 17.7%的市场份额；排名第三的是唯品国际，占据 16.1%的市场份额。

（四）跨境电子商务的物流模式及其特点

1．进口跨境电子商务的物流模式及其特点

进口跨境电子商务主要有 3 种物流模式：直邮模式、集货模式、保税模式。

（1）直邮模式。直邮模式是指商家在消费者下单之后直接从海外采购商品，通过国际物流一单一单地发回国内清关，直接配送到消费者手里。

优点：不囤货，适合非标品。

缺点：物流效率低，一般收货周期为一个月左右，成本高，运输质量无法保证，一般不支持退换货，消费者满意度较低。

C2C 卖家一般常采用直邮模式，如淘宝集市店的全球购卖家有代购服务的，采用的就是直邮模式。平台中的商品支持直邮模式的话，一般会在商品的配送方式处有所标注，如图 4-5-1 所示。

直邮模式一般由非官方认证的第三方国际物流公司承运商品，通常情况下是卖家找的合作快递公司，一般不支持退换货。

（2）集货模式。集货模式是指商家在接到订单之后将货物集中存放在海外的集货仓，包裹达到一定量后再通过国际物流统一发回国内清关，然后配送到消费者手里。

优点：多个消费者共摊物流成本，使物流成本在很大程度上得到降低；一般由跨境电子商务平台提供统一的入境清关服务，包裹运输更可靠，丢包率低；有的能提供退货服务。

缺点：物流效率低，收货时间较长。

图 4-5-1　支持直邮模式的商品

集货模式比较适合拥有较广泛的海外集货仓资源、较强的清关能力和多元化干线运输能力的跨境电子商务企业和平台。与直邮模式相比，集货模式可更好地适应跨境电子商务平台上不同销量的产品发货需求和不同类型的卖家需求，可最大限度地缩短全程物流时间，性价比也可大大提升。

下面以洋码头为例介绍集货模式。

如图 4-5-2 所示的“贝海直邮”表示由洋码头官方物流贝海承运。为了保证海外商品安全、快速地运送到中国消费者手里，洋码头在海外建立了多个海外仓，以便提前将所销售商品集中存放在这里。消费者付款后，工作人员就在集货仓进行拣货打包，包裹达到一定量后，就使用包机运输，由贝海物流负责清关，然后通过国内快递进行境内配送，需要一周左右的时间可运至国内主要城市，大大缩短了消费者收货的时长。

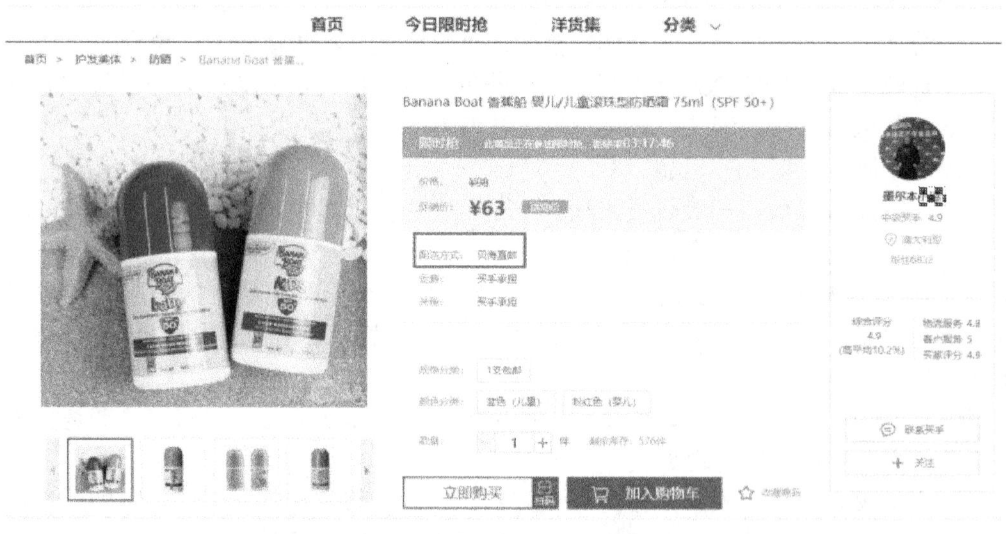

图 4-5-2　集货模式——以洋码头为例

在集货模式下，洋码头依托实力强大的海外仓和干线运输等资源，物流时效已大大优于直邮模式，消费者的满意度也得到大幅提升。

（3）保税模式。保税模式又称保税备货模式，是指商家从海外提前批量采购商品，并将商品运至保税仓免税备货。当订单发出后，商品直接从保税仓发出，并在海关等部门的监管下通关后送到消费者手里。因此保税模式是“先物流后订单”。

优点：批量采购可降低进口电子商务企业的进货价格，批量送达保税仓备货也可大大节省物流成本和人力成本，物流效率高，到货速度几乎与国内订单无异，原则上3～5天即可送达消费者；保税仓的大量国内库存也可保障消费者退换货等售后体验。

缺点：会产生一定的仓储成本。

一般情况下，对销量比较大的标品会选择保税仓备货模式。天猫国际、考拉海购、京东全球购、亚马逊海外购、国美海外购等平台都主要采用保税模式，如图4-5-3所示。

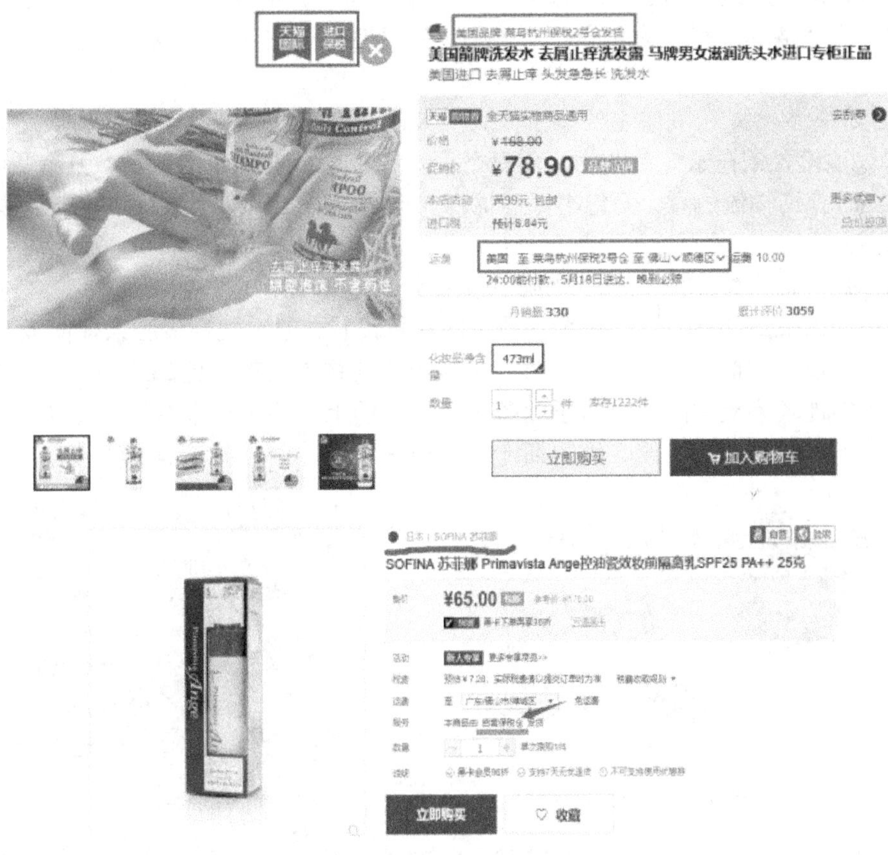

图4-5-3 保税模式

当然，大部分跨境电子商务平台都不仅仅采用一种模式，而是采用两种或两种以上的模式。如京东全球购采用“保税+直邮”两种模式。

2．出口跨境电子商务的物流模式及其特点

出口跨境电子商务的物流模式主要分为直邮模式和海外仓模式两种。

（1）直邮模式（国内直发）。直邮模式主要采用邮政小包、国际快递、专线物流、国内快递4种物流模式。

① 邮政小包。中国邮政的国际航空小包（见图4-5-4）（简称“邮政小包”）能够到达的国家或地区很多，收费相对低廉。据不完全统计，中国出口跨境电子商务中，70%的包

裹通过邮政系统投递，其中，中国邮政占 50%左右。因此，很多电子商务企业在选择跨境物流企业时，一般会选择邮政小包，这也使邮政小包成为常见的出口跨境电子商务物流模式。

中国邮政
CHINA POST
国际航空小包

图 4-5-4　邮政小包

不过，这种物流模式也存在一定的不足，主要包括：货物运输速度较慢，大部分邮政小包的运输时间都超过 30 天，对电子商务的时效性有较大的负面影响；单个小包的质量与体积受到较为严格的限制；丢包率相对较高，有时难以查询包裹的物流信息，消费者满意度不够高。

② 国际快递。国际快递主要指 DHL、TNT、UPS 和 FedEx 4 家巨头快递公司（见图 4-5-5）。该模式依托于完善的物流信息平台及超高的全球区域覆盖率，具有货物运输时间短、能实时查询物流信息、丢包率低等优点。不足之处表现为运送商品的类型非常有限，物流成本高。

③ 专线物流。专线物流是国际物流中较为常见的一种模式，往往采取包舱运输的方式。该模式先集中大批量的商品，再在统一的时间包机发货，通过规模效应来降低成本。因此，其邮寄费用一般会比商业快递低；其时效稍慢于商业快递，但又比邮政小包快很多，比较适合发货目的地较为集中的跨境电子商务企业。市面上主要有日本专线（见图 4-5-6）、美国专线、欧洲专线、澳洲专线、俄罗斯专线、南美专线、南非专线等专线物流。

图 4-5-5　国际快递

图 4-5-6　专线物流

④ 国内快递。国内快递主要指 EMS、顺丰（见图 4-5-7）和“四通一达”（申通、圆通、中通、百世汇通、韵达）。这些企业正慢慢开启跨境物流业务。顺丰的国际化业务稍微成熟些，已经开通了美国、澳大利亚等多个国家的快递服务。发往亚洲国家的快件，一般 2～3 天可以送达。而 EMS 依托邮政渠道，可以直达全球 60 多个国家，费用比四大快递巨头低，加之 EMS 在中国境内的出关能力强，到货速度也相当快，如到达亚洲国家只需 2～3 天，到达欧美国家只需 5～7 天。

总之，直邮模式的整个物流体系还是比较灵活的，商家可以自由选择适合自己的物流方式。只不过跨境电子商务涉及众多国家，手续方面也要按照各个国家的流程办事，确实比较烦琐。

图 4-5-7　顺丰

（2）海外仓模式。海外仓（见图 4-5-8）是指跨境电子商务企业和出口企业为提升订单交付能力而在国外接近买家的地区设立的仓储物流节点。该仓储物流节点通常具有境外货物储存、流通加工、本地配送、售后服务等功能。有了海外仓，跨境电子商务企业和出口企业就可以将货物批量发至国外仓库，实现该国的本地销售和本地配送。

图 4-5-8　海外仓

① 海外仓的种类。要想在出口跨境电子商务的竞争中占据优势，设立海外仓是大势所趋。目前的海外仓主要分为以下 3 种。

第一种是自建海外仓。大卖家、品牌商因为自身有实力，一般会选择自建海外仓模式。海外仓在航运畅通的情况下，性价比较高。但是，一旦到了旺季，爆仓情况严重，导致派送时间无法得到保证，因此必要时还需要在当地建立团队，或者与当地的第三方合作。

第二种是平台相关海外仓（如亚马逊的 FBA 仓）。FBA 仓只面向亚马逊平台，所以做亚马逊的卖家必须将 FBA 仓作为必选，必要时需要结合第三方海外仓或者自建仓以便拓宽销货渠道。

第三种是第三方海外仓。中小卖家一般选用第三方海外仓，虽然物流成本较高，但可节省人力成本，出口企业只需负责提供货物即可。这样不仅很好地解决了前两种海外仓发货方式的弊端，而且可以随时对平台仓进行补仓。

② 海外仓的优势。阿里国际站海外仓前期试点后，发现有一定的优势，如图 4-5-9 所示。

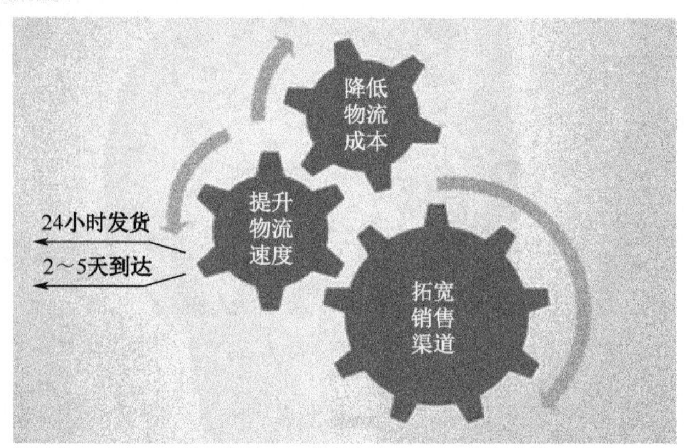

图 4-5-9 阿里国际站海外仓前期试点发现的优势

总体来看，使用海外仓的优势如下。

第一是增加商品的曝光率。发货地在国外，物流跟踪信息也始于国外的当地，而非中国，所以出口跨境电商能轻松地成为海外卖家，增加商品的曝光率。

第二是提供便利。例如，对于很多亚马逊平台的出口跨境电商而言，海外仓是亚马逊 FBA 仓的缓冲仓库，使用海外仓和 FBA 仓进行优势互补，即先将大批量的商品备到海外仓，再将中小批量的商品运至 FBA 仓，从而灵活调节 FBA 仓。通过海外仓进行中转，既可以缩短 FBA 头程的时间，又可以降低 FBA 仓的风险系数，还可以发挥 FBA 仓的快速配送、销售推广等功能。另外，小批量的 B2B 订单是跨境电子商务的盲区，但海外仓可以迅速满足这个需求。所以说，海外仓为出口跨境电商提供了许多便利。

第三是提高时效。和中国大陆本土直发相比，海外仓可有效节省 50%～70%的订单响应时间，从而提升物流配送时效，极大地提高消费者体验和商品周转率。例如，一个包裹从中国发出需要 15 天左右，而从海外仓发出的话可能只需要 3～7 天。

第四是降低物流成本。先批量将商品运至海外仓，并利用国外的本土快递配送至消费者，可大大降低整个流程的物流成本。因为海外仓的整体价格是比较有优势的，与邮政小包的价格相当，比快递便宜 20%～50%，这就实现了有竞争力的本土销售。

第五是增值服务。快速的退换货处理及高效的物流配送速度可大大提高消费者体验满意度，好评率自然得到提高。

因此，海外仓是跨境电商的利器，无论是亚马逊卖家，还是自建电子商务平台，海外仓都可以让跨境电商在竞争日趋激烈的跨境贸易中占得先机。

需要注意：第一，海外仓虽好，但在备货时也应有明确的规划，如尽量储存周转率高、需求量大的商品，否则一大批卖不掉的货堆在仓库里，销毁时还要缴费，比在国内的滞销存货难处理得多；第二，选择海外仓要慎重，应选择靠谱的、有一定知名度和口碑的优质服务商。

案例：贝贝网

贝贝网（见图 4-5-10）创立于 2014 年 4 月，是国内领先的母婴特卖平台。平台主要特卖童装、童鞋、玩具等商品，目标消费群定位在 0～12 岁的婴童及生产前后的妈妈们。贝贝网平台与美赞臣、合生元、帮宝适等一线大牌签订了战略直供合作，其主流品牌覆盖率接近 90%。

图 4-5-10　贝贝网

2015 年年初，贝贝网开始涉足跨境电子商务，物流以保税模式为主，在全国拥有 6 个保税仓，存放着来自世界各地的母婴产品。不到一年时间，贝贝网业绩惊人，月订单量超过百万个，2015 年年末“7 · 13 母婴节”期间，其海外购频道的销售额突破 1 亿元大关。

贝贝网之所以能够快速迈入跨境电商行列，关键在于：第一，选择了高质量的品类——母婴系列；第二，贝贝网采用直营自采方式，直接参与货源组织和仓库物流过程，可以有效规避假货风险。

项目总结

本项目通过介绍生鲜冷链物流配送、大件物流配送、快速消费品物流配送、仓配一体化物流配送、跨境电子商务物流配送，让读者了解和熟悉这几种物流配送行业的典型代表和模式，能解决这 5 种模式存在的问题，以保证电子商务活动的顺利开展。

项目五

电子商务物流配送模式选择

项目情境设计

小丽认为，自己开一家网店应该效益不错。于是，经过一系列的筹划和准备，小丽的网店开始营业了。随着网站访问量的日渐增加，小丽迎来了网店的第一批买家。但随着订单量的不断增加，小丽发现商品的包装质量和发货速度也在很大程度上影响着买家的购买体验，这些因素都影响了网店的生意。为了提高网店运营效率，为买家提供更好的服务，小丽积极学习电子商务物流配送模式的知识，根据网店的规模和产品的配送特点选择合适的物流配送模式。

项目目标

知识目标：了解电商自营物流的概念及其优缺点、第三方物流的概念和特征。

能力目标：根据不同的物流模式确定应考虑的因素和流程，掌握电子商务物流配送模式的选择方法。

项目分析

电子商务物流又称网上物流，是基于互联网技术、旨在创造性地推动物流行业发展的商业模式，企业需要根据商品特点、时效性、交易费用等因素选择合适的物流模式。随着网店订单量的逐步增加，小丽急需了解各种不同物流配送模式的优缺点，以便选择适合自己网店的物流配送模式。下面，我们就一起来帮助小丽认识不同的物流配送模式，解决买家对网店物流服务不满意的问题。

任务1 电商自营物流

一、任务导入

小丽认为自营物流具有较高的控制权、可避免商业机密外泄、可降低交易成本等，应该优先考虑建设自营物流，但实际情况是这样吗？让我们一起来了解一下自营物流吧！

二、任务分析

从企业竞争战略的角度来考虑，对渠道的控制力要求就是其最重要的决策变量之一。对于竞争激烈的行业来说，企业需要强化对供应和分销渠道的控制，因而往往会选择自营物流。根据规模经济原理，企业生产经营达到一定的规模时，物流集约化程度越高，物流运营成本越低，这时，自营物流能发挥其系统管理的作用。

三、知识百宝箱

（一）电商自营物流的概念

电商自营物流就是指电子商务企业借助自身的物流设施、设备、管理机构等自行组织的物流活动，通过组建自己的配送系统来完成企业的配送业务，直接管理整个物流运作过程。国内部分自建物流平台的企业如表 5-1-1 所示。

表 5-1-1 国内部分自建物流平台的企业

公司/品牌名称	自建物流名称	成立年份
京东	京东物流	2007
苏宁	苏宁物流	1990
海尔	日日顺物流	1999
美的	安得物流	2000
国美	安迅物流	2012
唯品会	品骏快递	2013
洋码头	贝海国际速递	2010
本来生活	微特派快递	2011
易果生鲜	安鲜达	2015
小红书	REDelivery 国际物流系统	2017

（二）电商自营物流的类型

由于自营物流不仅需要巨额的资金投入，还需要具备先进的物流一体化管理水平，所以采取自营性配送模式的电子商务企业一般都把物流管理作为企业战略管理的重要环节。

目前，采取自营物流模式的电子商务企业有以下两种。

1．资金实力雄厚、业务规模较大的电子商务企业

如京东、亚马逊等大型电子商务企业，为了摆脱影响其自身业务快速发展的物流困境，不惜投入巨资，自己建立物流体系来完成企业的配送业务，包括对内部各场、各店的配送和对企业外部消费者的配送。京东物流网站截图如图 5-1-1 所示。

图 5-1-1　京东物流网站截图

2．传统的大型制造企业或批发零售企业经营的 B2C 电子商务网站

这一类企业自身已经有初具规模的营销网络和物流配送体系，只需将其加以改进、完善便可以为电子商务活动提供更好的物流配送服务，如苏宁、国美等。苏宁物流网站截图如图 5-1-2 所示。

图 5-1-2　苏宁物流网站截图

（三）电商自营物流应用案例

1．京东物流

京东是中国最大的自营式电子商务企业之一，为了解决物流配送瓶颈，降低物流配送对运营的影响，特自建物流体系，以控制整个供应链，为其保持高速发展提供强有力的支撑。通过自营物流配送，京东大幅度提升了其在全国的配送速度，改善了服务质量。

2007 年，京东商城开始斥巨资成立自己的物流公司，最初分别在北京、上海、广州、成都、武汉设立了一级物流中心，随后在沈阳、济南、西安、南京、杭州、福州、佛山、深圳 8 个城市建立了二级物流中心，这些城市有很多京东商城的主要消费者。

数据显示，截至 2016 年 9 月 30 日，京东物流已经形成了中小件物流网、大件物流网和冷链物流网 3 张网络布局。截至 2018 年 6 月，京东物流网络已经覆盖全国各大城市，拥有全球唯一六大物流网，如图 5-1-3 所示。

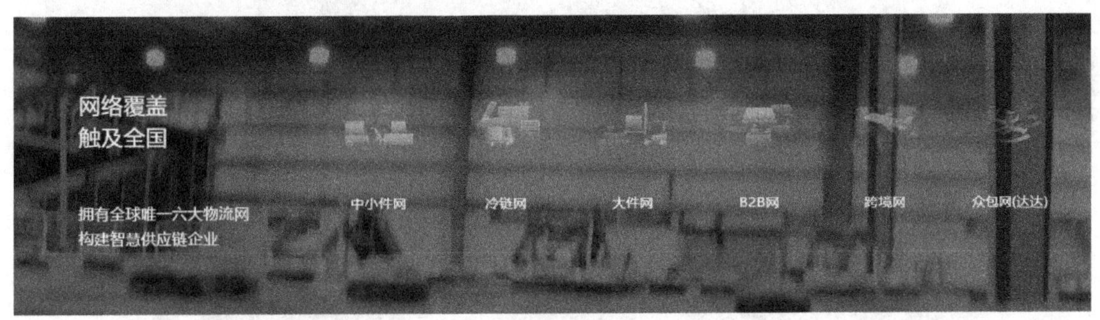

图 5-1-3　京东物流的六大物流网

京东致力于为消费者提供愉悦的在线购物体验，通过内容丰富、人性化的网站和移动客户端，以富有竞争力的价格提供具有丰富品类及卓越品质的商品和服务，将其以快速可靠的方式送达消费者，并且提供灵活多样的支付方式。京东将物流从成本控制中心转变成未来新的盈利点，利用差异化战略，提高了电子商务网站竞争的门槛。2018 年，京东物流的规模如图 5-1-4 所示。

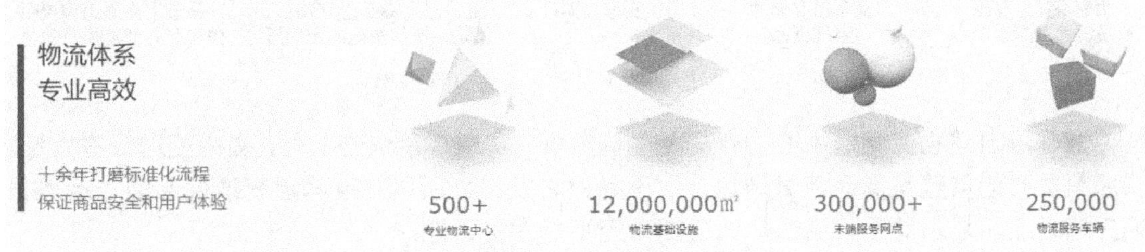

图 5-1-4　京东物流的规模（2018 年）

2．亚马逊物流

亚马逊（Amazon）是美国最大的电子商务企业之一，是网络上最早开始涉足电子商务的企业之一，最初的产品销售范围涵盖 CD、DVD 等音像制品及计算机、电子游戏、软件、照相器材、电子产品等。随着业务范围和业务量的扩展，为了满足客户对于及时交货的要求，亚马逊建立物流设施，随后逐步扩展为建立完整的供应链系统，并且物流体系已经成为亚马逊的核心竞争力之一。目前，亚马逊已建立了对物流网络的完整评价指标体系，其中包括服务可得性、可靠性、快速响应性、专业性、完整性等衡量指标。

亚马逊自建物流配送中心的举措后被称之为 FBA（亚马逊物流）模式。所谓 FBA 模式就是亚马逊提供自己创建的物流平台，卖家缴纳一定的物流租借费用就可以使用亚马逊的物流平台。亚马逊利用其先进的物流设备进行智能化信息管理，库存信息随时共享，可确保每天 24 小时全天候提供物流服务。当亚马逊接到买家的订单时，亚马逊物流统一包装商品（见图 5-1-5），快速、安全地将商品配送至买家手中。截至 2020 年 1 月，亚马逊在美国拥有 110 多个活跃的物流配送中心，在全球拥有 180 多个物流配送中心；在英国、法国、德国等欧洲国家，以及日本、中国等亚洲国家都建有物流配送中心。同时，买家通过电子数据交换系统（EDI）可以随时查询订购状态，追踪自己的包裹。可以看出，自建物流中心是亚马逊的一个基于买家需求和体验出发的“非常规”举措。

图 5-1-5　亚马逊物流包装

亚马逊物流的服务流程（针对卖家）如图 5-1-6 所示。

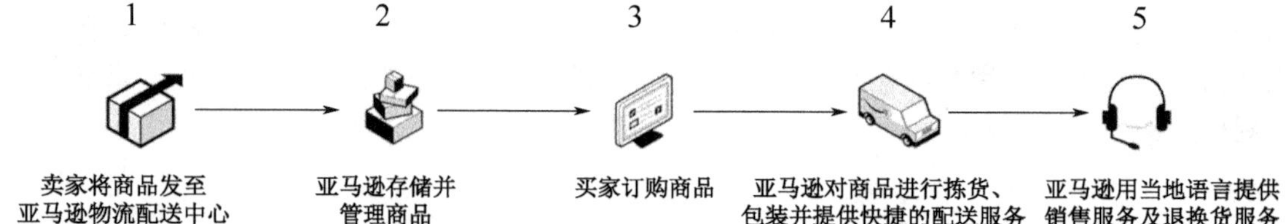

图 5-1-6　亚马逊物流的服务流程（针对卖家）

亚马逊自建物流配送中心的目的是降低成本，实现订单快速交付，提高配送服务质量。买家最关心的问题是商品何时送达，而不是何时发出，所以在亚马逊配送商品的“运送日期”一栏上，显示的是承诺送达的日期，而不是发货日期。

自建物流中心有利于亚马逊对仓储环节进行更好的把控，提升物流效率。美国的物流时效性并不算高，UPS、FedEx 等第三方物流通常需要 1 周左右送达，而亚马逊自建物流可以将配送时效提升至 2 天内，部分商品和部分地区甚至可以实现当日送达。

（四）电商自营物流的优势与劣势

自营物流能够对供应链各个环节进行统一控制，有利于对供应和分销渠道进行管控，使之服务于电商的经营管理，但亦存在一些不足之处，具体如表 5-1-2 所示。

表 5-1-2 电商自营物流的优势与劣势

优 势	劣 势
（1）可控性强：自营物流能够让企业对物流环节有较强的控制能力，使企业的供应链更好地保持协调、简洁与稳定。 （2）服务性强：自营物流能够保证供货的准确和及时，保证服务质量，有助于维护企业和消费者间的长期关系。 （3）协调性强：可以根据企业的生产经营情况合理规划物流作业流程，实现准时采购、及时调控库存、减少资金占用，从而降低企业经营成本。 （4）针对性强：可以根据企业自身的经营特点制订配套的物流服务流程，有助于企业提供高质量的专业物流活动	（1）投资大：建设成本高，增加了企业的固定资产成本。 （2）规模化程度较低：受制于企业规模，难以形成规模效应，导致物流成本增加。 （3）影响企业的核心竞争力：从事不擅长的业务活动，一方面会减少企业对核心业务的投入，另一方面要花费额外的时间、精力和资源去从事物流工作，可能削弱企业的核心竞争力

任务 2 第三方物流

一、任务导入

小丽在了解了自营物流的配送模式后，认为自营物流建设成本较高，对中小电商来说投入资金较大，会对网店的运营产生较大的经济负担。于是，转而学习第三方物流的知识。下面一起来和小丽学习一下第三方物流有什么优势吧！

二、任务分析

企业将物流外包给第三方，能够实现资源的优化配置，减少诸如物流方面的车辆、仓库和人力的资金投入，从而将资源集中在企业的核心业务上，以提高企业的竞争力。因此，越来越多的企业选择与信誉好的第三方物流企业进行合作。但是在借用第三方物流企业高效率、优质物流服务的同时，由于物流服务被外包，企业往往会失去直接与消费者打交道的第一手数据，从而导致消费者信息泄露、消费者开发成本增加等。

三、知识百宝箱

（一）第三方物流的概念

第三方物流是指由供、需方以外的第三方去完成物流活动的物流运作模式。电子商务作为 21 世纪的主要商业运作模式，为第三方物流提供了广阔的发展空间。同时，第三方物流的发展又为电子商务的实现提供了现实保障，因此，与电子商务进行整合，将成为第三方物流企业的主要运作模式之一。

在电子商务环境下，企业具有大量的物流需求，并且较传统物流时代更加巨大。基于企业自身和我国物流市场的限制，绝大部分企业只能将非核心的物流业务外包给第三方物流企业，如表 5-2-1 所示。

表 5-2-1　电子商务环境下的第三方物流

项　　目	具 体 内 容
物流功能	综合性的物流作业，其提供的服务涉及企业业务流程的各个环节
物流服务	具有标准化的服务要求，能提供较完善、快捷的物流服务
信息技术	物流运作大多采用物流信息系统进行处理，具有高效化、标准化等优势
发展类型	主要受市场的驱动，其发展方向可以满足市场需求，有利于企业的长久发展
客户服务	适合社会发展的需要，重视客户服务
作业流程	标准化的作业流程可以为客户提供较完善的服务

（二）第三方物流的作业流程

第三方物流企业可提供集仓储、运输、配送为一体的物流服务，如图 5-2-1 所示。

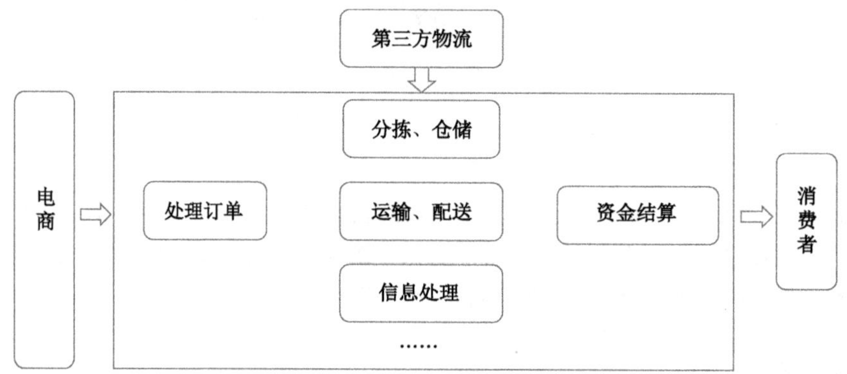

图 5-2-1　第三方物流的作业流程

（三）第三方物流应用案例

1. 卖家仓储+第三方配送（淘宝）

淘宝是 C2C 模式，大部分卖家为个人商户，售卖的大部分商品是非标品，品类多，销量不具有规模性，主要选择网络快递模式。卖家使用第三方物流服务时，需要自行完成储存、分拣、包装等工序，最后由第三方物流完成运输和配送。卖家发货时可直接借助第三方物流提供的服务发货，具体发货方式有以下 4 类。

（1）在线下单。在线下单时，系统根据菜鸟指数对快递公司的排序，优先推荐前 3 名与淘宝合作的快递公司，如图 5-2-2 所示。完成在线下单操作后，由淘宝负责联系相应的快递公司上门取货，避免了卖家自己联系物流的麻烦。目前，与淘宝合作的物流有 EMS、顺丰、申通、圆通、韵达、宅急送、中通、天天等。

如果选择“上门取件（快速发货）”，还将享受 2 小时快速上门服务，时效性得到进一步提高，如图 5-2-3 所示。

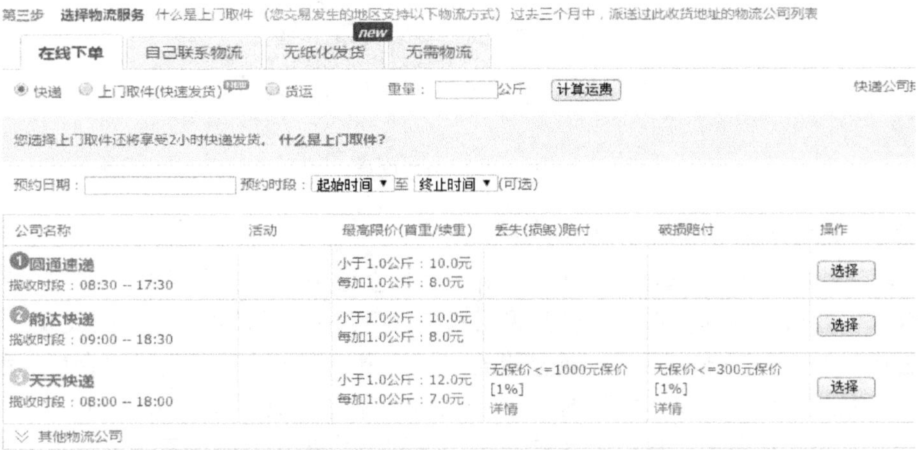

第三步 选择物流服务 什么是上门取件 （您交易发生的地区支持以下物流方式） 过去三个月中，派送过此收货地址的物流公司列表

在线下单 自己联系物流 无纸化发货 new 无需物流

快递 上门取件(快速发货) NEW 货运 重量： 公斤 计算运费 快递公司

您选择上门取件还将享受2小时快递发货。 什么是上门取件？

预约日期： 预约时段： 起始时间 至 终止时间 (可选)

公司名称	活动	最高限价(首重/续重)	丢失(损毁)赔付	破损赔付	操作
1 圆通速递 揽收时段：08:30 -- 17:30		小于1.0公斤：10.0元 每加1.0公斤：8.0元			选择
2 韵达快递 揽收时段：09:00 -- 18:30		小于1.0公斤：10.0元 每加1.0公斤：8.0元			选择
3 天天快递 揽收时段：08:00 -- 18:00		小于1.0公斤：12.0元 每加1.0公斤：7.0元	无保价<=1000元保价[1%] 详情	无保价<=300元保价[1%] 详情	选择

其他物流公司

图 5-2-2　根据菜鸟指数对快递公司进行排序

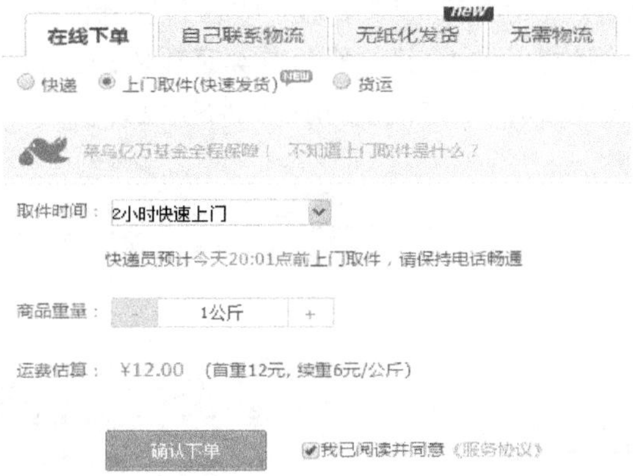

在线下单 自己联系物流 无纸化发货 new 无需物流

快递 上门取件(快速发货) NEW 货运

菜鸟亿万基金全程保障！ 不知道上门取件是什么？

取件时间： 2小时快速上门

快递员预计今天20:01点前上门取件，请保持电话畅通

商品重量： 1公斤 +

运费估算： ¥12.00 (首重12元，续重6元/公斤)

确认下单 我已阅读并同意《服务协议》

图 5-2-3　选择“上门取件（快速发货）”

（2）自己联系物流。自己联系物流，即卖家自行联系本地快递员上门取件或将货物拉到快递点发货。根据快递面单输入运单号后，选择对应的物流公司，完成发货，如图 5-2-4 所示。

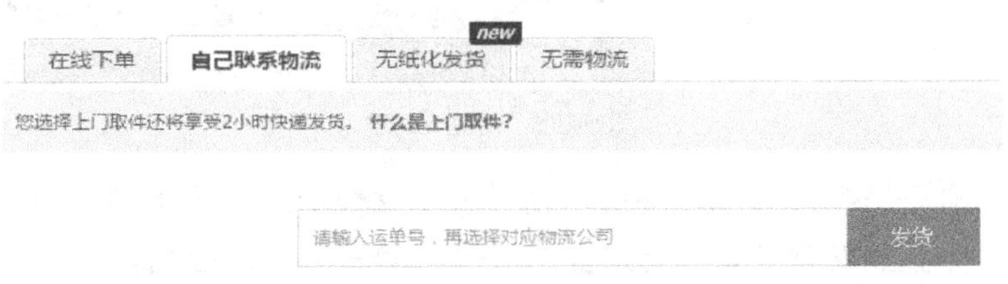

图 5-2-4　卖家自己联系物流

（3）无纸化发货。选择无纸化发货，可实时获取运单号，无须手写面单，只需卖家在包裹上标识揽件码即可。

（4）无须物流。如果卖家出售的商品无须物流运送（如虚拟商品、游戏币、充值卡等），可直接在“无须物流”（界面中为“无需物流”）中单击“确认”按钮完成发货，如图 5-2-5 所示。

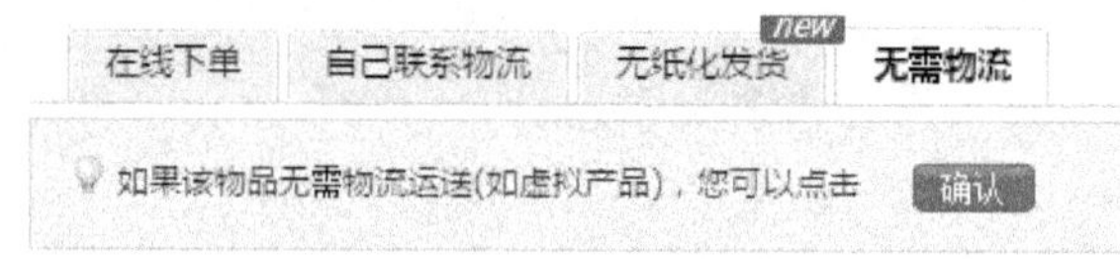

图 5-2-5　无须物流

2．第三方仓储+配送模式（京东 POP）

（1）第三方仓储+配送概述。部分大型电子商务企业由于具有产品线丰富、销量基数大、对配送时效性要求较高等特点，所以常采用第三方仓储+配送模式。其优点表现在：首先，卖家通过货物的集中存放，可以实现仓储成本的规模经济；其次，货物出仓后的统一配送成本低于卖家从单个仓库统一发货的成本；再次，可以统一运往第三方仓储部署的中心仓，减少揽件成本和运输费用；最后，通过销售后台的大数据分析，卖家在消费者下单前就能用算法预测当地的出货量，并提前在相应的大区仓库铺货，既可节省干线运输费，又可大大缩短整体快递时间，最终提高存货周转效率，改善和提升消费者体验。

京东 POP（平台开放计划）是京东向第三方卖家提供的销售平台，共有 FBP、LBP、SOPL、SOP 四大仓储配送模式，具体描述如图 5-2-6 所示。

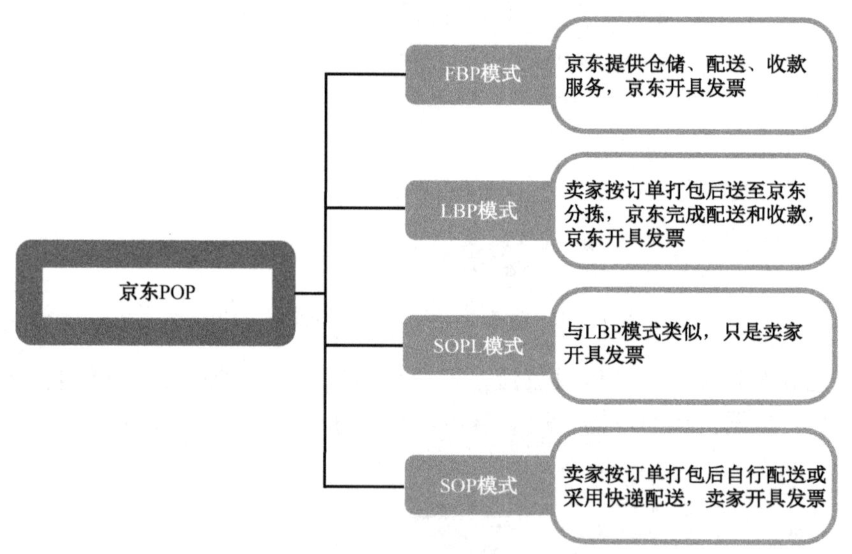

图 5-2-6　京东 POP

随着京东物流仓储配送模式对平台内第三方卖家快递服务的渗透，越来越多的大卖家或中大型电子商务企业愿意将仓储配送业务委托给第三方物流公司，从而使该模式得到了快速发展。第三方仓储+配送模式的流程如图 5-2-7 所示。

项目四提到的京东物流与李宁公司的仓配一体化合作便是该模式的一个典型案例。

（2）第三方仓储+配送的优势。

① 高效利用资源。卖家借助第三方仓配公司的专业服务，可以优化资源配置，将有限的人力、财力集中在店铺运营上，提高店铺的核心竞争力。

② 提高仓储配送时效。卖家可以随时掌控库存情况，最大限度地加速库存商品周转，减少库存，将企业运营风险降到最低；专业的第三方仓配公司有专业的仓储管理系统，在

操作上全程条码操作，优化了拣选路径，提高了配送时效，如图 5-2-8 所示。

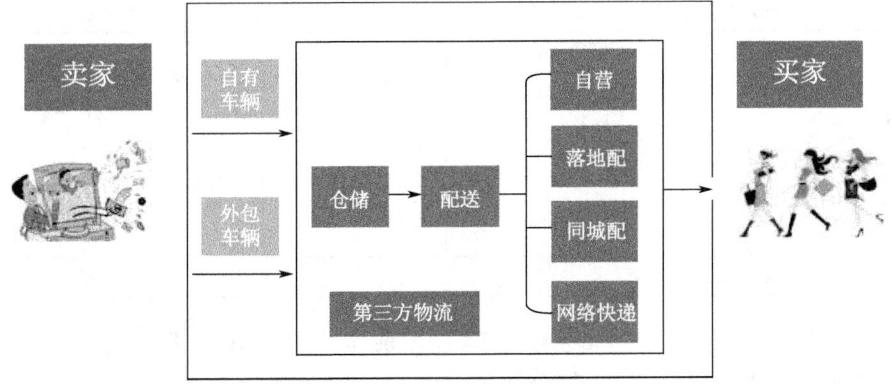

图 5-2-7　第三方仓储+配送模式的流程

图 5-2-8　专业的仓储管理系统

③ 降低管理难度，提升管理效率。第三方仓配公司在团队管理方面有自己的优势，可以在很大程度上提高人员利用率，卖家可以告别耗时且费心的招聘、培训、工资发放、保险缴纳，不需要担心业务淡季员工的收入问题。

④ 提升店铺信誉。第三方仓配公司提供专业化服务，配送时效高，商品能更快地到达消费者手中，能提高消费者的体验满意度，提高店铺的 DSR（卖家服务评级），同时有利于提高消费者的重复购买率。

⑤ 降低成本。借助第三方仓配公司的服务，卖家不但可以节省仓储费用，而且可以较容易地实现快递规模效应，降低快递成本。

下面通过案例算一算。以平均日单量为 400 单的某服装电商为例，成本计算如表 5-2-2 所示。

表 5-2-2　某服装电商的成本计算

自营物流成本	第三方仓配公司收费
仓库租金：1000 平方米×20 元/平方米/月=20000 元/月 人员工资：8 人×3500 元/人/月（工人）+5500 元/月（主管）=33500 元/月 系统分摊：2300 元/月 行政费用：2500 元/月 公司管理成本：3350 元/月	仓库租金：0.42 元/平方米/月×40000 平方米=16800 元/月 正向操作费用：3.31 元/单×400 单/天×30 天=39720 元/月 逆向操作费用：3.5 元/单×400 单/天×30 天×6%=2520 元/月
总计成本：61650 元/月	总计成本：59040 元/月

通过表 5-2-2 中的计算可以看到，自营物流成本为 61650 元/月，第三方仓配公司收费为 59040 元/月，使用第三方仓配公司的话，总计成本减少 2610 元/月，可以将成本降低 4.2%。

所以，基于以上成本计算，对于品牌电商来说，如果销量较大，仓储和配送压力较大，可以考虑借助第三方仓配公司，这样能够较明显地降低自身运营的管理成本和资产投入，降低风险，同时提高服务效率。

（四）第三方物流的优势与劣势

相对于电商自营物流来说，第三方物流配送模式的优势与劣势如表 5-2-3 所示。

表 5-2-3　第三方物流配送模式的优势与劣势

优　势	劣　势
（1）可以使电商专心致志地开展自己所熟悉的业务，并将资源配置在核心业务上。 （2）灵活运用新技术，实现以信息换库存，降低生产企业的运作成本。 （3）减少对固定资产的投入，加速资金周转。 （4）更加专业，可节约人力、物力。 （5）提供灵活多样的服务，为客户创造更多的价值	（1）不能直接控制物流，难以实现二次营销，可能会导致电商客服成本增加。 （2）不能及时、高效地把商品送到消费者手中，可能会造成电商与物流公司信息流通不顺畅。 （3）不能保证服务质量。 （4）不能与消费者建立长久的合作关系

任务 3　第四方物流

一、任务导入

小丽在采用了第三方物流配送模式后，发现配送成本比较理想，但电子商务互联网的快速发展对配送的要求也越来越高，竞争随之而来。目前，如何做到快速、高质量、低成本是小丽迫切需要解决的问题。

二、任务分析

消费者的需求越来越突出个性化和多样化，技术的进步使消费者对服务的期望值也不断提高，因此，第四方物流应运而生。

下面一起来学习第四方物流，了解一下第四方物流能提供什么服务。

三、知识百宝箱

（一）第四方物流的概念

第四方物流（见图 5-3-1）是一个供应链的集成商，它调集、组织和管理自己的以及具有互补性的服务提供商的资源、能力和技术，以提供一个综合的供应链解决方案。第四方物流不仅控制和管理着特定的物流服务，而且对整个物流过程提出策划方案，并通过电子商务这个过程集成起来。

图 5-3-1　第四方物流

第四方物流可整合第三方物流供应商、IT 服务提供商、业务流程管理企业等的资源，为客户提供全面的供应链解决方案，如图 5-3-2 所示。

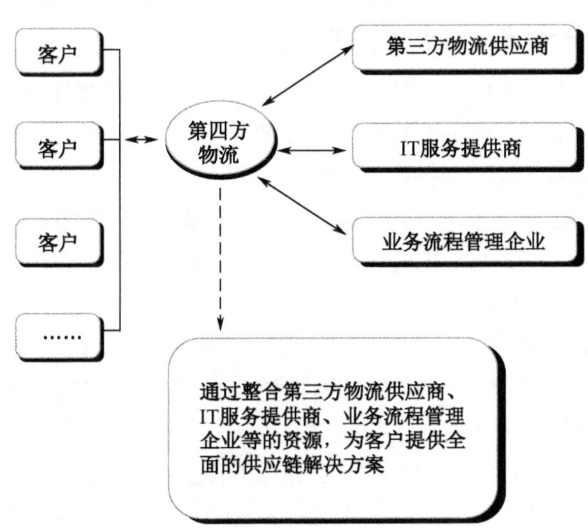

图 5-3-2　第四方物流的作业流程

（二）第四方物流的运作模式

电子商务按照客户类别可以划分为两类，第一类是企业与企业之间的 B2B 电子商务交易；第二类是企业与消费者之间的 B2C 电子商务交易。第四方物流的运作模式由第四方物流的协同运作模式、第四方物流的方案集成运作模式和第四方物流行业创新模式构成。因此，电子商务环境下的第四方物流的运作模式也可以从两个方面来讨论：第一类是 B2B 协作化运作模式；第二类是 B2C 集约化运作模式。

1．B2B 协作化运作模式（阿里巴巴、慧聪等）

B2B 协作化运作模式是第四方物流企业大显身手的地方。企业需要生产、供应、销售、回收、废弃物处理等各方面的物流。第三方物流仅能提供低成本的专业服务，而正在发展的第四方物流将整合供应链作为己任，减少供应链中的不确定因素与冗余的非增值环节，提供完整的企业物流解决方案，如图 5-3-3 所示。

图 5-3-3　B2B 协作化运作模式

2．B2C 集约化运作模式（亚马逊、天猫、京东等）

集约化的电子商务也是解决 B2C 模式中配送问题的最佳方案之一。B2C 模式下，企业通过互联网为消费者提供网络购物环境，消费者通过网络在网上购物、在网上支付。由于这种模式可节省消费者和企业的时间，不受空间限制，所以大大提高了交易效率，特别对于工作忙碌的上班族，这种模式可以为其节省宝贵的时间，如图 5-3-4 所示。

目前，B2C 电子商务的付款方式采用货到付款与在线支付相结合的方式；大多数企业选择物流外包方式，以节约运营成本。

（1）货到付款。货到付款（见图 5-3-5）是指由快递公司代收买家货款，即先由快递员将商品送到消费者手上，消费者在验货之后把钱给快递员，也就是人们常说的“一手交钱一手交货”，之后快递员通过快递公司将货款转到卖家账户。采用货到付款方式时，消费者可以开箱验货，查看购买的商品与商品描述有无差别，检验商品的真实性、质量、运送过程中是否有损伤等情况之后，根据实际情况确定是否签单，如果与事实不符，可以拒签，并说明理由。

图 5-3-4　B2C 集约化运作模式

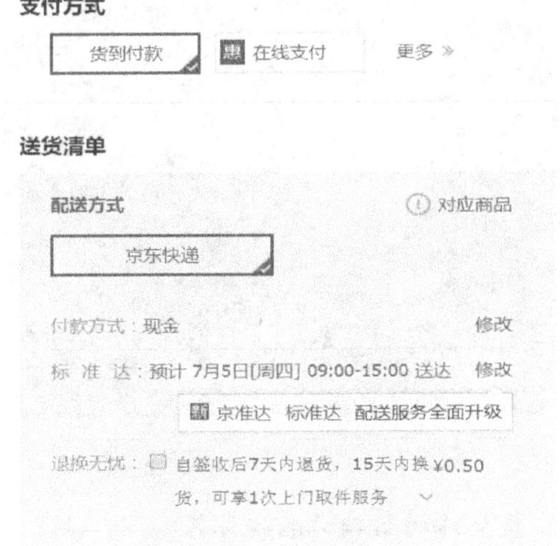

图 5-3-5　货到付款

（2）在线支付。在线支付（见图 5-3-6）是电子支付的一种形式，是通过第三方提供的与银行之间的支付接口进行的即时支付方式，采用这种支付方式的好处在于：可以直接把资金从消费者的银行卡中转到第三方支付平台，汇款时马上到账，不需要人工确认；消费者和商家之间可采用信用卡、电子钱包、电子支票、电子现金等多种电子支付方式；采用在线支付方式可节省交易的开销。

（三）第四方物流应用案例（菜鸟物流）

“双十一”“双十二”、年货节，各大电子商务平台除了拼商品、比价格，更看谁的物流更快。众所周知，目前天猫主要依靠的是强大的菜鸟物流（见图 5-3-7）。2013 年菜鸟物流的建立曾引起了社会各界的广泛关注和热议，但大多数人对这个看得见却摸不着的第四方物流平台的了解并不深。菜鸟物流究竟在做些什么呢？

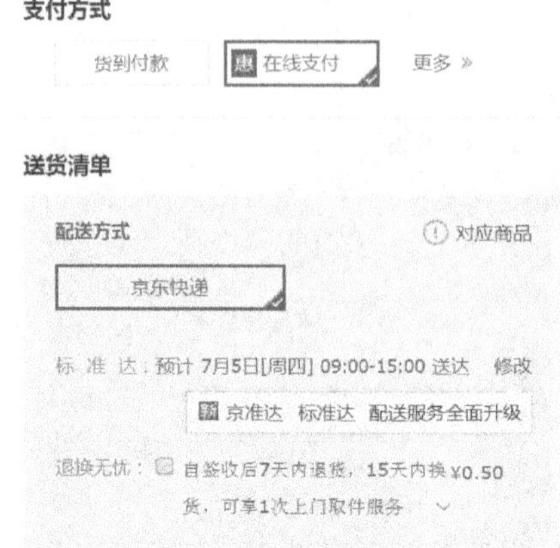

图 5-3-6　在线支付

图 5-3-7　菜鸟物流（菜鸟联盟）

1．菜鸟物流欲打造覆盖全球的第四方物流体系

在阿里巴巴的介绍中，菜鸟物流利用先进的互联网技术，建立开放、透明、共享的数据应用平台，目的是为电子商务企业、物流公司、仓储企业、第三方物流服务商、供应链服务商等各类企业提供优质服务，支持物流行业向高附加值领域发展和升级。

很多人可能认为阿里巴巴要整合中国的物流产业，将“四通一达”等民营企业招安，进而为阿里巴巴旗下淘宝、天猫等日益高涨的交易额提供配送服务。但事实上，阿里巴巴的真正核心战略是打造一个真正的覆盖全国甚至未来统筹全球物流体系的第四方物流平台。

2．菜鸟物流的五大核心

菜鸟物流主要由 IT 系统、第三方物流、骨干物流节点、菜鸟驿站、阿里巴巴资源配合这五大核心组成，如图 5-3-8 所示。

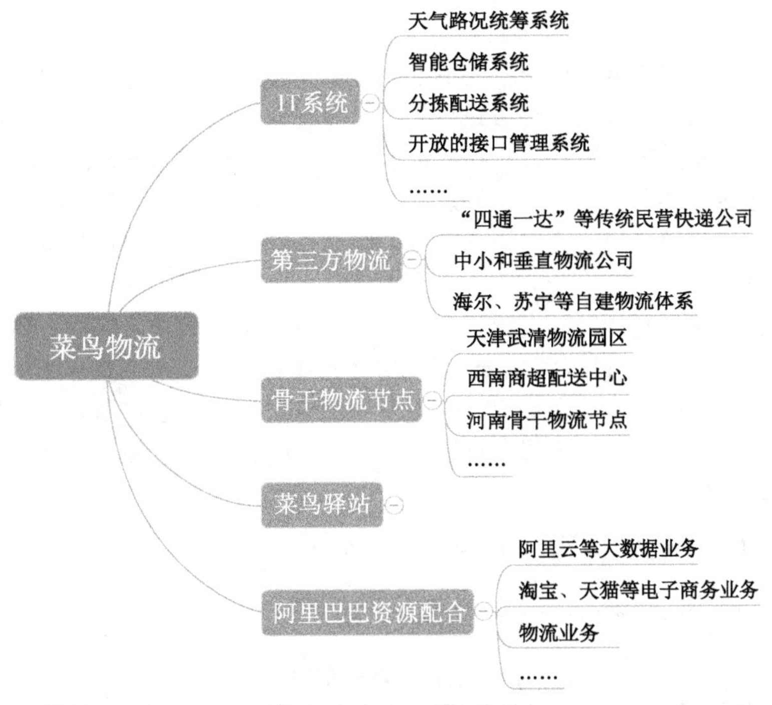

图 5-3-8 菜鸟物流的五大核心

（1）IT 系统。事实上，无论是整个菜鸟物流的运营模式还是菜鸟物流的 IT 运维系统都是一个第四方的 IT 系统，这套 IT 系统整合和对接了众多的第三方 IT 系统。IT 系统包括天气路况统筹系统、智能仓储系统、分拣配送系统、开放的接口管理系统等，未来随着菜鸟物流体量的增加，还会接入各种新的 IT 系统。

值得一提的是，菜鸟物流这个庞大的 IT 系统将是一个半开放、半封闭的社交网络系统，会采集、分析社交网络和网民行为数据并在合法的情况下加以利用。

（2）第三方物流。菜鸟物流利用其高效的 IT 系统进行统筹，结合大数据分析等技术体系，可以大幅度地提升第三方物流企业的配送效率和降低成本，消费者可以用更少的钱、更快的时间拿到自己的货物。菜鸟物流通过和第三方物流这些合作伙伴联手，让 2 小时极速达、当日达、次日达、承诺达、夜间配、预约配送、大家电当日送装等服务变成可能。

（3）骨干物流节点。在中国，阿里巴巴打破常规，自建了一大批骨干物流节点。这些骨干物流节点的规模都非常惊人，动辄十几亿元甚至更高额度的投资。以菜鸟物流搭建的中国智能骨干网天津武清项目（华北物流中心）为例，天津武清物流园区分三期建设，占地 1500 亩（1 亩≈666.67 平方米），定位为以仓聚货，不仅要整合社会化物流资源，为电子商务零售企业提供物流基础设施及服务，而且要带动周边的电子商务企业联动发展，形成电子商务产业集群，催生一批围绕该平台的新兴第三方服务企业，并带动当地传统产业电子商务化。与此同时，菜鸟物流在上海、广州、武汉、重庆、成都、郑州等中国主流城市纷纷建成了智能骨干物流中心。

（4）菜鸟驿站。

在消费者层面：消费者在网上购买商品之后，可以选择配送至离自己最近的菜鸟驿站网点，快件送达之后，会有一个提货短信提醒，凭提货短信即可取件。与此同时，使用菜鸟驿站还可以避免发生颇让消费者头疼的由于快递单泄露导致的个人信息泄露问题。

在快递员层面：意味着收件人不在家的情况下，快递员把快件送到菜鸟驿站网点即可。对于快递员背后的快递公司来说，快递效率可大幅度提升，每个快递员每天配送的包裹数量能够大幅度增加。

（5）阿里巴巴资源配合。阿里巴巴有电子商务（淘宝、天猫、1688、聚划算及投资的相关电子商务企业）、大数据（阿里云等）、物流等核心业务。如果离开阿里巴巴其他业务的支持，单独的物流业务将独木难支，很难发挥到像现在这样的作用。这也是为什么只有阿里巴巴这样的企业才可以做第四方物流的原因，而中国邮政乃至 FedEx 这种国内外的传统物流巨头都无法插手。

（四）第四方物流的优势与劣势

第四方物流的优势与劣势如表 5-3-1 所示。

表 5-3-1　第四方物流的优势与劣势

优　势	劣　势
（1）可有效降低企业物流成本； （2）企业同样可以享受第三方物流的服务； （3）方便快递员和收件人	（1）第四方物流无成本运作，难以取得信任； （2）物流环节增多，运输风险变大

任务 4　物流联盟

一、任务导入

小丽在应用了第四方物流模式后，网店运营效果很好。但随着人们消费水平的提高，电子商务迅猛发展，这给物流业带来了发展机遇的同时，也带来了新的挑战。而如果生产运输企业通过物流或供应链的方式形成联盟，则可能有利于提高企业的物流效率，实现物流效益的最大化。纵观全局，小丽决定学习物流联盟模式。

二、任务分析

中小企业为了提高物流服务水平，可通过物流联盟模式弥补自身能力的不足。

国际互联网技术的广泛应用使跨地区的物流企业联盟成为可能。信息高速公路的建成，使得世界物理距离大大缩短，异地物流企业利用网络就可以实现信息资源共享，为联盟提供了有利的条件。

三、知识百宝箱

（一）物流联盟的概念

联盟是介于独立的企业与市场交易关系之间的一种组织形态，是企业间由于自身某些方面发展的需要而形成的相对稳定的、长期的契约关系。物流联盟是以物流为合作基础的企业战略联盟，是指两个或多个企业之间，为了实现自己的物流战略目标，通过各种协议、契约而结成的优势互补、风险共担、利益共享的松散型网络组织。

在电子商务环境下，物流联盟以第四方物流为中心对物流服务的各个机构尤其是第三方物流公司进行整合，在数量和质量上，服务能力都得到大幅提高，从而可解决单独靠一家企业或第三方物流不能完成的问题，如表 5-4-1 所示。

表 5-4-1　电子商务环境下的物流联盟

项　目	具体内容
纵向	垂直一体化，这种联盟方式是基于供应链一体化管理形成的，即从原材料到商品生产、销售、服务形成一条龙的合作关系
横向	水平一体化，由处于平行位置的几个物流企业结成联盟，包括第三方物流
混合模式	既有处于上下游位置的物流企业，也有处于平行位置的物流企业的加盟

（二）物流联盟的作业流程和运作模式

1．作业流程

物流联盟规模比较大，但作业流程清晰，如图 5-4-1 所示。

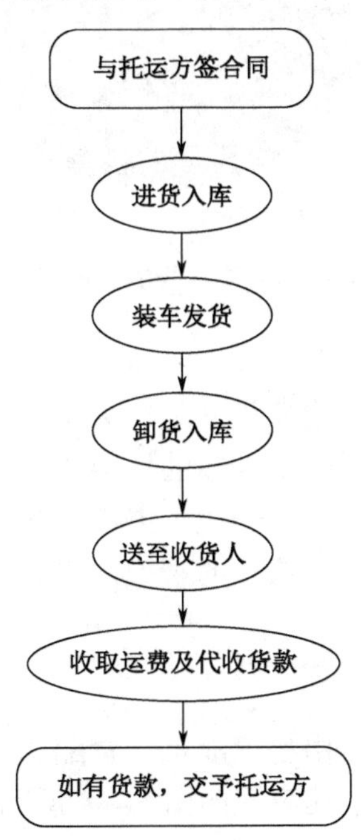

图 5-4-1　物流联盟的作业流程

2．运作模式

物流联盟有一套完整的运作模式，如图 5-4-2 所示。

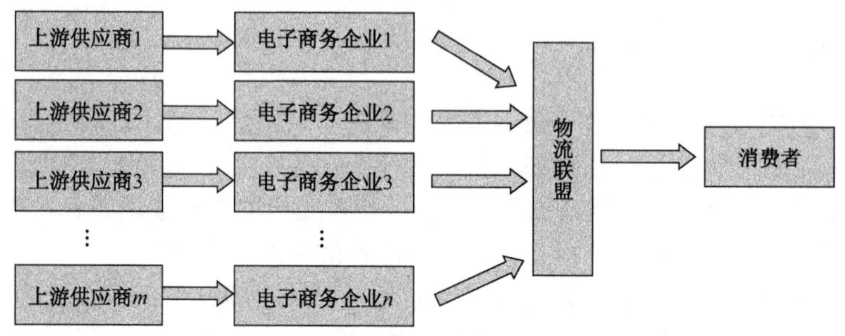

图 5-4-2　物流联盟的运作模式

（三）物流联盟应用案例（菜鸟物流）

2013 年 5 月 28 日，阿里巴巴推出了中国智能物流骨干网，联合银泰集团、复星集团、富春物流、顺丰、“三通一达”组建物流联盟，即菜鸟物流，其股权结构如图 5-4-3 所示。

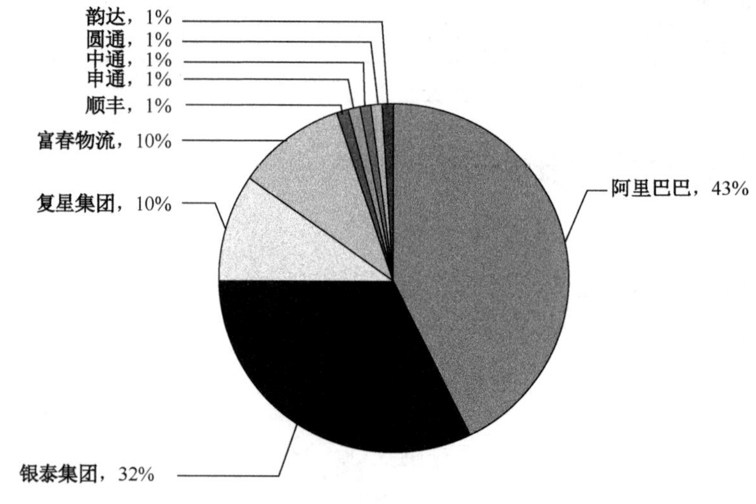

图 5-4-3　菜鸟物流的股权结构

1．菜鸟物流的可靠性分析

菜鸟物流联合制造商、电商、物流供应商、大型仓储中心等通过自建、共建、合作、改造等多种模式在全国范围内形成一个开放的社会化仓储设施网络，复星建仓库，银泰管仓储，富春做干线物流，顺丰和“三通一达”主营支线物流与“最后一公里”配送。各个联盟成员在合作的基础上专注于自己擅长的领域，物流服务全面周到，货物安全性能够有效地得到保障。

2．菜鸟物流的经济性分析

电商成员在把商品包装完好后由物流成员负责配送。由于联盟实现了商品集约化和规模化，物流成本无疑会大大降低。其流程如图 5-4-4 所示（以韩都衣舍发货为例），各联盟成员通力合作，既可大大节约资源，又可降低成本。

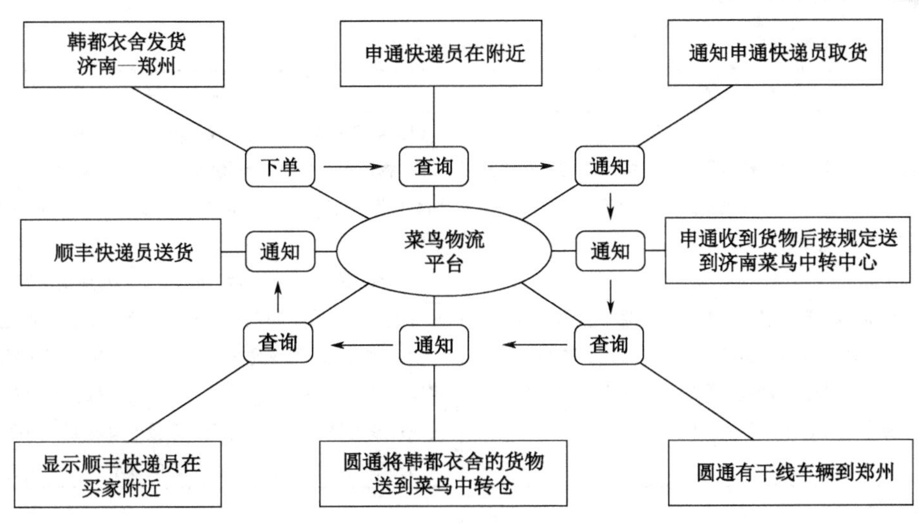

图 5-4-4　菜鸟物流的流程

3．菜鸟物流的配送服务分析

目前，菜鸟物流的速度优势还没有体现出来，“24 小时送达”这一目标暂未实现。不过现在菜鸟物流已经给商家和消费者带来了极大的便利，速度也一直在提升，我们有理由相信，随着菜鸟物流的进一步完善，“24 小时送达”这一目标肯定会实现。

4．菜鸟物流的客户服务分析

菜鸟物流联盟中，顺丰和“三通一达”（见图 5-4-5）都是专业的快递企业，消费者在购物时可以自由选择适合自己的快递。同时货物送达前快递企业还会按照消费者的要求提供各种保管及配送服务，大大提高了服务的灵活性。与此同时，作为与消费者直接接触的快递企业，顺丰和“三通一达”也非常注重品牌的发展，无形中提高了服务质量。

图 5-4-5　顺丰和“三通一达”

5．菜鸟物流的信息技术分析

菜鸟物流不仅仅是一个简单的物流系统，还是一个基于大数据和供应链的大物流可视化运营系统，使联盟成员之间的资源信息能快速共享并得到保障，从而形成高效、便捷的电子商务物流运作模式。

（四）物流联盟的优势与劣势

物流联盟的优势与劣势如表 5-4-2 所示。

表 5-4-2 物流联盟的优势与劣势

优　势	劣　势
（1）降低物流成本，提高资源利用率。物流联盟将物流企业的物流资源进行整合，可提高资源的使用效率。同时，由于资源得到共享，电商就可以减少人力、物力的投入，从而降低投资风险。 （2）提高企业的运营水平。由于物流联盟将企业的物流信息进行了共享，因而成员之间可以互相学习先进的物流技术及管理经验等，促使整个物流联盟的运营水平得到提高，从而有利于向更专业化、集约化的方向发展	（1）物流联盟的稳定性较差。 ① 物流联盟虽然共享物流资源，但联盟成员的运营规模、知名度等各不相同，因此加入物流联盟获得的收益也会有所不同。 ② 物流联盟是一个自发性的组织，对成员的约束力不强，一旦发生成员背叛的现象，整个物流联盟都可能受到影响。 （2）物流配送不容易标准化。由于组建物流联盟的目的是实现物流资源的共享，但只有大量的物流企业加入才有可能实现规模经济效益。然而成员数量如果过多，则很难实现配送的标准化，从而影响物流配送的效率

项目总结

通过本项目的学习，小丽了解了几种常见的电子商务物流配送模式，通过比较电商自营物流、第三方物流、第四方物流、物流联盟模式的优势、劣势，借鉴电子商务企业物流配送案例，小丽最终选择了适合自身特点的物流配送模式，有效地保证了电子商务物流的顺利开展。

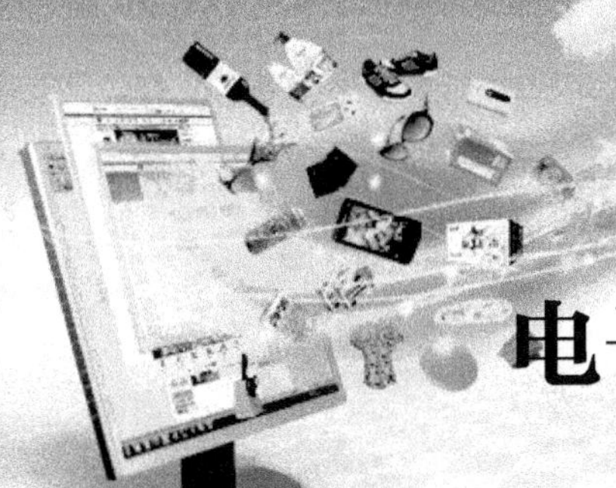

项目六

电子商务物流客户服务管理

项目情境设计

马小云毕业后顺利应聘上一家电子商务企业的客服岗位，她爱岗敬业，可是毕竟经验不足，在工作中她还是会遇到一些关键性的问题不知如何解决。那么，如何学会与客户沟通的礼仪与技巧，并将其融入生活、工作中从而形成习惯？怎么能巧妙地处理退换货？如何维护与客户的关系？

项目目标

知识目标：能够按照物流流程处理客户的订单及提供退换货服务；会进行客户满意度分析，能够选用合适的方法提高客户满意度；能够按照标准对客户进行分类，然后按等级进行分类管理。

能力目标：了解与客户沟通的礼仪与技巧，了解客户满意度包含的内容，懂得客户分类方法及对应等级的管理方法。

项目分析

物流客户服务是一种增值产品，它能够增加客户所获得的效用。良好的客户服务会提高客户的满意度。近年来，随着电子商务中物流问题日益突出，客户的满意度成为企业亟待提高的方面。本项目将从电子商务物流的自身特点出发，梳理出适合本阶段学生学习的物流客户服务实用知识。下面，我们一起来帮助马小云了解电子商务物流客户服务管理方面的知识，解决工作过程中遇到的问题。

任务1 沟通礼仪与技巧

一、任务导入

佳美优公司采购部的李明贵打算在某网络平台购买一批可刻字的水杯，当他看中了一款水杯后，便咨询客服："我想买 200 个这款水杯（附链接），您看能不能便宜点？"客服马小云这样回答："不能，拒绝议价，本店的价格已经是全网最低了。"李明贵听了十分生气，心想，这个客服怎么这样说话呢，就凭这一点我就不在你家买了。你认为客服马小云和李明贵之间的沟通出现了什么问题？应该怎么处理呢？

二、任务分析

语言是跨越人生和事业成功的一道关卡，掌握了说话的技巧，便可拥有打开成功之门的钥匙。成大事者无不善于言谈，因此在现代的生活和工作中需要掌握一些与人沟通的礼仪和技巧。

三、知识百宝箱

（一）沟通的基本礼仪

语言作为一门艺术，是个人礼仪的一个重要组成部分。

礼貌：态度要诚恳、亲和；声音大小要合适，语调要平和、沉稳；尊重他人。

用语：用敬语，即表示尊敬和礼貌的词语，如"请""谢谢""抱歉""您好"。

（二）信息类沟通（网店）

随着电子商务客户服务行业从以商品为中心到以客户为中心的价值观的转变，客户满意度被网店放在越来越重要的位置，同时也成为考核一家网店经营状况好坏的指标之一（见图 6-1-1）。因而，沟通中恰到好处的礼仪与技巧能有效地提高客户的满意度。

1. 沟通过程中要热情

热情，是指人参与活动或对待别人时所表现出来的热烈、积极、主动、友好的情感或态度。电子商务平台上的客服与实体店的导购员不一样，客服没有办法通过自己丰富的肢体语言和友好的语气来表达自己的情感，只能通过键盘敲打出来的文字或者图片让对方感知自己的热情，那么客服怎样沟通才能有效地表达自己的热情呢？

（1）杜绝回复内容过于简单（见图 6-1-2）。在日常交流当中，虽然有些问题可以用一两个字就能回答对方，如"哦""是的""对""没有""在"等，但是这样的回答方式往往给人一种冷淡、不够重视的感觉，会使对方产生无法继续沟通的感觉。那么，应该怎样将这些一两个字就能回答的问题适当扩充成令人感到愉悦的答复呢？

店铺号 2070340

好评率 99.32%

所在地 浙江宁波

开店时间 2008-9-26 21:51:09

描述相符 4.8 高于同行8.03%

服务态度 4.8 高于同行7.75%

物流服务 4.8 高于同行7.33%

图 6-1-1 网店考核指标（服务态度）

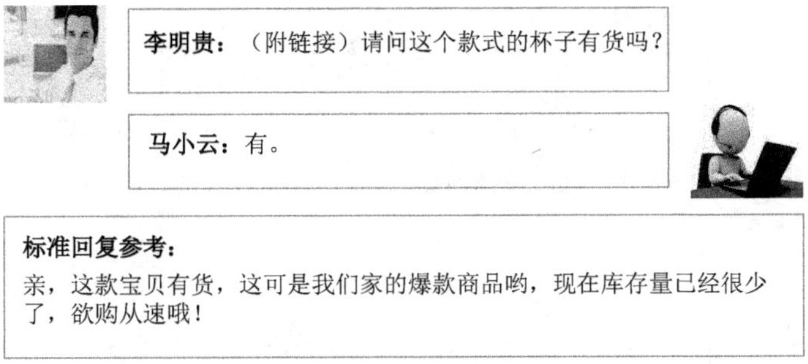

李明贵：（附链接）请问这个款式的杯子有货吗？

马小云：有。

标准回复参考：
亲，这款宝贝有货，这可是我们家的爆款商品哟，现在库存量已经很少了，欲购从速哦！

图 6-1-2 回复简单

（2）杜绝长时间不回复（见图 6-1-3）。当有人来询问的时候，若客服很久都没有回复，不仅会让对方失去耐心，还会导致对方质疑店铺的服务态度。一般情况下，客服都会马上回复，不在线的时候也会运用自动回复功能。但客服长时间不回复的情况还是会出现，例如客服身兼多项工作，一时没有注意到有人来咨询，或者当客服离开座位时碰巧有人来咨询，就算有自动回复，有些人也会直接跑掉。不管是什么原因，客服长时间不回复，必然导致客户流失。所以客服在回答对方的疑问时要讲究时效性，让对方感受到对自己的在意和重视。

李明贵：请问在吗？（12:36:00）

马小云：亲，您好，在的，请问有什么可以帮助到您？（13:05:00）

李明贵：哦，没事了，我已经在另一家店买好了。（13:07:00）

图 6-1-3 长时间不回复

2．交谈时要有耐心

人们开始咨询客服的时候，便说明他们对商品产生了购买兴趣，但是对于首次接触到的商品或店铺，他们都会存在各种疑问乃至质疑，在客服的服务过程中，耐心的表现显得尤其重要，客服要用自己的耐心去解决对方的各种疑问和需求，如图 6-1-4 所示。

李明贵：可以刻字吗？

马小云：可以刻字的亲，而且我们采用的是很先进的激光镭雕刻字工艺哦，刻出来的字非常高档、漂亮，很有立体感。

李明贵：发什么快递？

马小云：亲，我们统一发圆通或韵达快递，我们会根据亲的地址，为亲选择速度最快的快递。圆通和韵达送不到的地方发EMS，例如新疆、西藏自治区等一般发EMS。

李明贵：刻字内容是AkaashFeng。

马小云：刻字：AkaashFeng。
亲，核对一下定制内容，如果确认了回复下我们这边，备注上去后无法修改了哦，还要修改的话会产生制版费，这个制版费是需要亲自己承担的呢！

图 6-1-4　耐心回复

3．沟通过程中要懂得尊重别人

尊重是一种礼貌，更是人与人之间建立友谊的桥梁，一个懂得尊重别人的人更容易得到他人的信任。在生活中处处体现对他人的尊重也是一种艺术。而要进行有效的沟通，只有在尊重的前提下，才能事半功倍。不尊重对方，谈话就无法有效继续，如图 6-1-5 所示。

李明贵：请问50元这款杯子与70元这款杯子有什么不一样吗？看起来都一样？

马小云：肯定不一样啊，那还要问吗？一分钱一分货啊！

李明贵：难道就不可以问吗？我只是想了解清楚一点。

图 6-1-5　不尊重对方

在客服与客户的沟通过程中，互相尊重所带来的影响是巨大的，尤其是客服，更应注意。良好的沟通应该站在彼此尊重的角度，这样才能达到谈话想要达到的效果。

客服还要注意在适当建议的情况下尊重客户的选择，否则会引起不愉快（见图 6-1-6）。

李明贵：我想要定制这款白色的杯子。

马小云：确定？黑色才是我们的热销款哦，一般人都是要这个颜色的。

李明贵：可是我就喜欢白色的这一款啊！

图 6-1-6 不尊重客户的选择

4．沟通时要有礼貌

礼貌是尊重他人的具体表现，是建立友好关系的敲门砖。

礼貌的基本要求：① 说话要用尊称，语气平稳；② 说话要文雅、简练、明确；③ 说话要婉转热情；④ 说话要讲究语言艺术，力求语言优美，婉转悦耳；⑤ 说话时要注意举止表情。

礼貌的生活常用语如下。

（1）礼貌用语 10 个字："您好""请""对不起""谢谢""再见"。

（2）见面语："早上好""下午好""晚上好""您好""很高兴认识您""请多指教""请多关照"等。

（3）感谢语："谢谢""让您费心了""实在过意不去""拜托了""麻烦您""感谢您的帮助"等。

（4）打扰对方或向对方致歉："对不起""请原谅""很抱歉""请稍等""麻烦""请多包涵"等。

（5）告别语："再见""欢迎下次再来""请再来"等。

（6）忌用语："不知道""笨蛋""你不懂""狗屁不通""猪脑袋"等。

（三）电话类沟通（仓储）

客服是否会运用电话营销的基本礼仪与技巧，不仅能够反映出客服个人的素质，而且能够折射出企业的文化水平和经营管理境界，并能影响客户对企业形象的判断。

1．接听电话

（1）电话铃响 3 声内拿起电话，离电话最近的客服应主动接听。

（2）用普通话接听电话，语速均匀，口齿清晰，语气温和，并使用问候语。若是内线，则用问候语"您好，××部"；若是外线，则用问候语"您好，××物流公司"。

（3）在桌上常备纸笔，做好接听、重复和记录。若涉及重点信息，如订单信息、客户联系方式、客户特别要求等，不仅要记录下来，还应该向对方复述一遍，以确保无误。

（4）接听电话时，态度应友善，说话简洁明了，因公电话尽量不要超过 15 分钟。

（5）因故障导致电话突然挂断时，务必回拨，尽量避免影响公司业务和形象。

（6）通话结束后，应让客户先挂断，确定客户已挂断电话后方可放下话筒。

2．拨打电话

（1）明确打电话的目的。

（2）准备好所需要的资料。根据客户经常提出的问题制作一个工作帮助表，以备与客户沟通时随时查看。

（3）选择适当的时间。公务电话最好避开临近下班的时间，尽量打到对方公司，若确有必要往对方家里打，应注意避开吃饭时间和睡觉时间。

（4）电话打通后应自报家门。电话打通后应首先自报姓名和身份。必要时，应询问对方是否方便，在对方方便的情况下再开始交谈。

（5）电话用语应文明、礼貌，电话内容要简明、扼要。

（6）通话完毕时应道“再见”，然后轻轻放下电话。

电话对话示例

王玲玲：您好，我是××公司客服部的王玲玲，已收到您发来的传真，我想就一些信息和您核对、确认一下。

李明贵：好的。

王玲玲：您的货物要在5月6日上午9点送达库房，货物信息是100台联想计算机，编号是999854410，规格是14寸，单位是箱。请问是这样吗？

李明贵：没错，就是这些货物。

王玲玲：那您还有什么信息需要补充的吗？

李明贵：没有了。

王玲玲：好的，请您注意查收，再见。

（四）信函类沟通（运输）

工作中，电子邮件是人们办公时的一个重要工具，但是现在很多人（特别是刚刚毕业的学生）不知道邮件格式，以及发送电子邮件需要注意哪些礼仪。

具体注意事项如下。

（1）邮件地址（收件人）：确认准确。

（2）邮件主题：明确、简洁。

（3）邮件内容：① 称呼要用尊称；② 开头要有问候语；③ 主体内容应力求简明扼要，并达到沟通效果；④ 落款要清晰明了，并注明发信者身份。

（4）附件的使用。如果需要用附件，则要确保附件已经添加和上传。

（5）邮件发送。重要邮件要进行保存，向客户发出邮件后要进行电话确认。

邮件发送样本如图6-1-7所示。

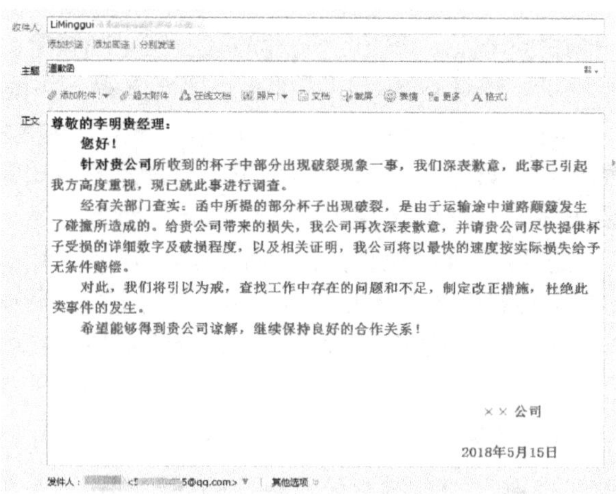

收件人 LiMinggui

主题 道歉函

正文

尊敬的李明贵经理：

您好！

针对贵公司所收到的杯子中部分出现破裂现象一事，我们深表歉意，此事已引起我方高度重视，现已就此事进行调查。

经有关部门查实：函中所提的部分杯子出现破裂，是由于运输途中道路颠簸发生了碰撞所造成的。给贵公司带来的损失，我公司再次深表歉意，并请贵公司尽快提供杯子受损的详细数字及破损程度，以及相关证明，我公司将以最快的速度按实际损失给予无条件赔偿。

对此，我们将引以为戒，查找工作中存在的问题和不足，制定改正措施，杜绝此类事件的发生。

希望能够得到贵公司谅解，继续保持良好的合作关系！

××公司

2018年5月15日

图6-1-7　邮件发送样本

任务 2 订单及退换货服务

一、任务导入

鲜果一品是一家水果生鲜网店，属于网上订单产地发货的鲜果供应商。因水果这种商品易损坏，卖家对客户收到的腐坏商品的处理原则如表 6-2-1 所示。

表 6-2-1 腐坏商品的处理原则

腐 坏 率	处 理 原 则	
<30%	首选退款，客户拒绝再补发	退款额为单个水果价格×个数
30%≤腐坏率<40%	首选退款，客户拒绝再补发	退款额为总价的 50%
40%≤腐坏率<50%	首选退款，客户拒绝再补发	退款额为总价的 60%
≥50%	首选退款，客户拒绝则重新发货	退全款

某日，客服接到买家投诉：收到的一盒桃子中坏了 5 个。订单中的商品信息如图 6-2-1 所示。

图 6-2-1 订单中的商品信息

请问：客服应该如何处理？

二、任务分析

卖家在日常的销售活动中难免会遇到各种各样的问题。要避免售后纠纷，应给买家提供一个良好的购物体验，并按照步骤完成售后服务。

三、知识百宝箱

（一）订单与物流跟踪服务

订单与物流跟踪服务流程如图 6-2-2 所示。

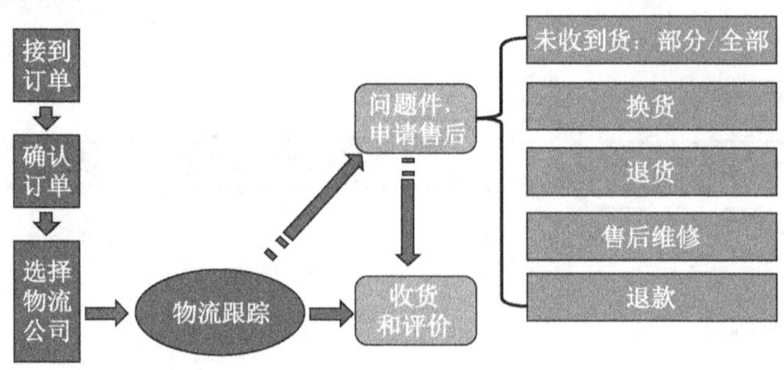

图 6-2-2　订单与物流跟踪服务流程

1．确认订单

买家完成付款后，发货前，客服应该先与买家确认订单。因为在实际操作中有不少订单是因拍错商品或者因地址错误而发生了退换货，导致卖家的工作量增加，带给买家的体验也不佳，所以卖家在发货前应该与买家确认信息。确认的信息包括商品订单信息、收货人姓名及地址信息。

2．选择物流公司

物流服务是客户体验中非常重要的一部分，很多时候快递不给力会使买家对整个交易不满，所以选择合适的物流公司十分关键。然而怎样的物流公司才是合适的物流公司呢？简单来讲，它必须费用合理、速度快、安全、服务态度好。又因为即使是同一个物流公司，在不同区域，它的表现也是有区别的，所以可以把已签约的物流公司作为选择项，让买家自己选择，如图 6-2-3 所示。

关于快递	快递提示	包邮地区说明
合作快递：中通、圆通、韵达、邮政，随机分配。特殊要求联系客服，急件可补差价发顺丰。	本店默认快递：中通/圆通，需要发顺丰及指定快递，请联系客服补差价哦！	新疆、西藏、青海、宁夏、甘肃、内蒙古、港澳台等地区不在包邮范围内。

图 6-2-3　可选择物流公司的说明

做得更周到的卖家，会在商品页面上留下如图 6-2-4 所示的提示信息。

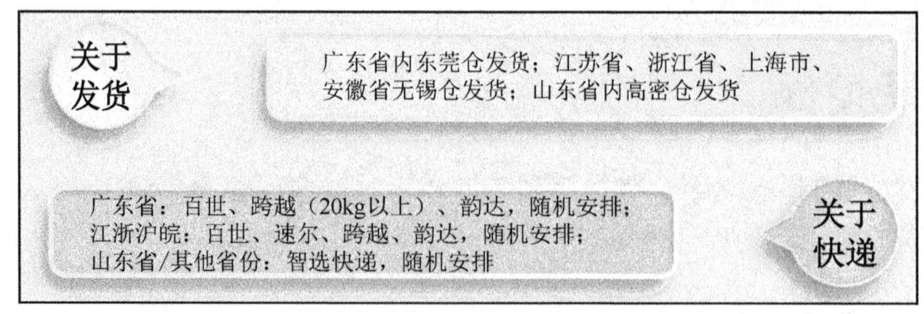

图 6-2-4　商品页面的提示信息

3．物流跟踪

买家付款并确认订单后便开始关注商品的流向，部分急性子的买家还会催促发货，所以卖家要对自家仓库的发货时间和仓储情况有个清楚的了解，才能给买家一个合理的解释。如有特殊情况，可预先给出说明。

（1）一般按需制作的商品，卖家会在页面中给出相应的发货时间说明。如图 6-2-5 所示为一家电箱装饰画网店的发货说明。

本店商品均为手工艺品，都要现做，制作需耗费时间，请各位亲能给我们足够的时间准备货品，我们将在亲拍下付款后的三天内发货，还请耐心等待，如有延误，敬请谅解！如遇特殊情况请联系客服。

图 6-2-5　对于按需制作的商品，卖家给出的发货说明

（2）一般参加各种促销活动（如预售、聚划算、双十一等）时，卖家为避免纠纷，也常会在页面中给出类似图 6-2-6 所示的发货说明。

预售商品发货说明

此为预售商品，我们会按照预售指定时间，按照订单先后顺序依次发货，不接受急单哦！

图 6-2-6　参加促销活动时，卖家给出的发货说明

（3）如果商品已经出库，进入物流运输派送环节，客服要定期关注未签收商品的物流信息，查看商品是否被顺利派送，若已经派送，可发信息提醒客户签收并确认收货，如图 6-2-7 所示。

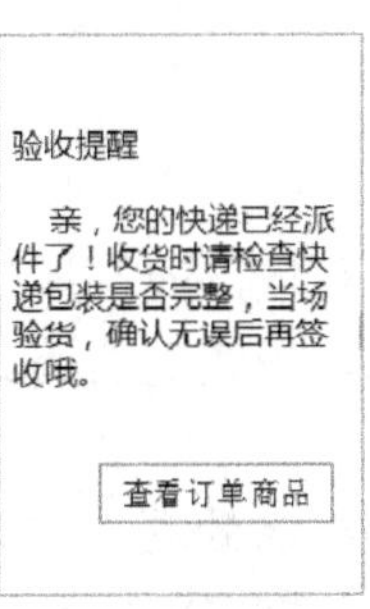

图 6-2-7　验收提醒信息

（4）若发现问题时，应该积极与物流公司联系，并进行妥善处理，避免因为物流原因导致买家对整个交易产生不满情绪。

4．收货和评价

在确认买家签收之后，可提醒买家在订单中确认收货，完成交易，并做出好评，如图 6-2-8 所示。

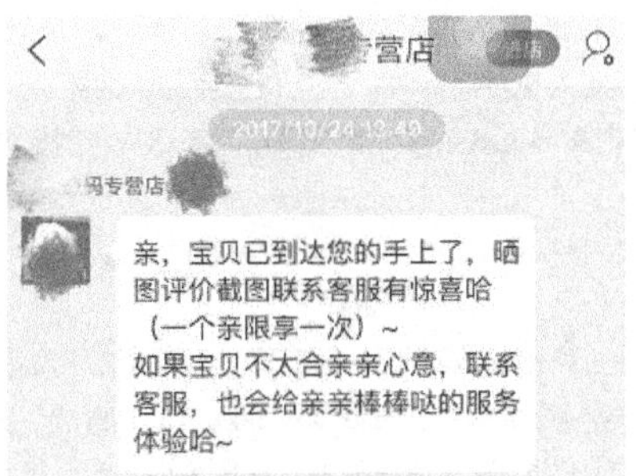

图 6-2-8　提醒买家确认收货和评价

5．申请售后

当买家收到商品后，如果有异议可以联系客服。客服应该耐心、细致地与买家沟通，协商解决问题。如果买家需要退款或退换货，可以在订单页面申请售后服务。一般流程如图 6-2-9 所示。

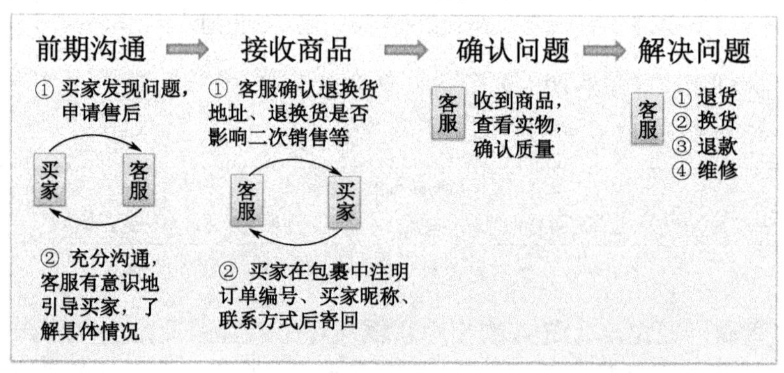

图 6-2-9　申请售后的一般流程

（二）售后服务

1．未收到货

由于快递大多由第三方物流公司承担，而快递运输的过程中会受到多方面卖家无法控制的因素影响，故经常产生物流纠纷。若遇到因买家未收到货而进行投诉的情况时，客服应该怎么处理？

参阅图 6-2-10 所示的《淘宝平台争议处理规则》中的签收规范可以知道，要判断货物风险的归属必须通过物流跟踪信息来判断：货物风险责任的确认关键在于收货人是否签收。

> **第三节 签收规范**
>
> 第三十一条 买家需确保订单中填写的收件信息真实、详细、准确、有效。买家提供的收件信息错误导致未收到商品的，由买家承担该责任限度内的不利后果。
>
> 第三十二条 买家需变更收件信息中任一要素的，应征得卖家同意。卖家同意后实际未变更成功，商品仍按变更前的收件信息被签收，买家主张未收到商品的，经淘宝判断若变更前和变更后的收件信息和买家无显著关联的，交易支持退款买家，由卖家承担商品相应风险。
>
> 第三十三条 卖家发货或买家退货后，收件人应亲自签收商品。收件人委托他人签收商品或承运人已按收件人的指示将商品置于指定地点的，视为收件人本人签收。
>
> 第三十四条 收件人应在承运人交付商品时，当场检视商品表面是否一致。若发现商品表面不一致，可予以拍照并拒签，若系卖家发货则支持退款买家；若系买家原因退货，则支持打款商家，商品相关风险由相对方承担。
>
> 第三十五条 买家主张未收到商品或卖家主张未收到买家退货的，由相对方承担举证责任，举证无效的，支持退款买家或打款卖家。
>
> 第三十六条 买家无正当理由拒绝签收不支持七天无理由退货且性质不适宜拒签的商品，商品返回后卖家予以拒签的，交易支持打款卖家，由买家负责召回商品并承担商品毁损、灭失的风险。若卖家已签收商品，卖家可选择退款或将商品再次发回买家，发回后商品的破损风险由买家承担，若商品性质已不适宜发回的，则交易支持打款卖家。卖家发回商品的运费由买家承担。

图 6-2-10　《淘宝平台争议处理规则》之签收规范

（1）全部未收到。物流信息显示买家已签收，但买家否认，需要根据签收底单来判断（可参阅《淘宝平台争议处理规则》第三十三条）。

（2）部分未收到。买家开箱检查发现商品件数不足时，可拍照与客服联系。此时客服应首先确认包装的完整性。

① 包装不完整的，客服应马上与物流公司联系，确认责任，同时与买家沟通，通过退款或补货的方式完成交易。

② 包装完好的，客服应马上与仓库联系，确认责任，同时与买家沟通，通过退款或补货的方式完成交易。

③ 买家在签收时没有开箱检查，事后拆包装才发现货物少件的，客服应马上与物流公司联系，要求物流公司提供买家签收的底单。根据《淘宝平台争议处理规则》第三十三条和第三十四条的规定，买家没验货就签收，一旦发现货物少件，卖家提供买家本人签收的底单后，货物风险由买家自己承担。

为避免纠纷，商品详情页应该有所提示。如图 6-2-11 所示为天猫美的旗舰店关于物流的提示，其中虚线所圈出部分为签收说明。

发货时间

（1）用户付款后，无特殊情况订单一般在72小时内发货，到货时间请实时关注物流信息，以快递到达时间为准；

（2）聚划算、预售、双十一等大型促销活动，因订单量大故发货时间比平常延长3~7天，订单自动流转到仓库，不支持延迟发货。

配送方式

请务必以省、市、县（区）镇（街道）、乡村格式从大到小填写，我们会根据你的地址选择优质的快递公司进行配送，部分偏远乡村（岛屿、交通阻塞地区）或体积较大商品，超出配送范围标准，需要客户自提，不方便自提的请慎拍！

验货签收

（1）本店销售为全新未开封商品，您签收商品时，请核实产品型号信息与您订购的产品是否一致，包装是否完好无损，如有破损请拍照后拒收货品，并及时联系在线客服。

（2）签收后请及时开箱验货，如有破损，签收后8小时内联系在线客服；如未及时验收一概视为商品完好无损，不再以外观划伤、变型、凹坑、破损为由进行退换货。

图 6-2-11　天猫美的旗舰店关于物流的提示

2．正常退换货

正常退换货是指买家在收到商品后，因为商品质量问题、卖家发错货或买家 7 天无理由退换货等原因，要求卖家在不低于原价格的基础上退换商品的情况，有同款退换和不同款退换两种情况。

（1）换货。如果是因为卖家发错货、商品质量问题或买家 7 天无理由退换货等原因导致的换货，客服应根据买家的要求先查明原因，符合条件的应立即为买家换货，并提示买家换货寄回时的注意事项（如图 6-2-12 所示的第 3～4 条等），还要再次与买家确认运费归属问题。另外，客服必须备注跟进此业务，必要时提醒买家将交易时间延期，避免因系统自动确认造成买家的不满。

关于退换货

- 提供 7 天无理由退换货服务。
- 如需退换货请先联系本店在线客服。
- 如需退换货，请务必保证商品为全新状态，包装和配件齐全，不影响二次销售。
- 请务必填写退换货小纸条，注明退货或者换货、订单编号、退换货原因、换货型号与颜色、收货人、收货地址、联系电话，并放置在包裹中的明显位置。
- 质量问题或错发商品的退回运费由本店承担，但需要买家先垫付（收到退货后返还）。
- 非商品质量问题，包邮商品退换货双方各自承担发出运费。
- 非商品质量问题，非包邮商品退换货或者拒签，来回运费由买家承担。
- 退换货切勿到付和发平邮。

图 6-2-12　关于退换货的规定

（2）退货。当买家因各种原因对商品不满需要退回时，若客服能合理而及时地处理和跟进的话，可以避免部分退货情况的发生。客服首先应根据买家要求查明原因，及时为买家解决问题，尽量挽留或者引导买家打消退货的意图。另外，客服必须跟进，收到买家按要求寄回的商品后，应及时与买家联系，完成退款，并引导买家对此次交易进行评价，以降低对店铺的不良影响。

一般而言，正常退换货的有关信息必须在商品详情页进行说明，特别应进行运费方面的说明。如图 6-2-13 所示为天猫美的旗舰店有关退货的提示说明。

关于物流　关于退换货　关于发票　关于安装与保修

退货标准

（1）签收后7日内在不影响二次销售的情况下，可接受无理由退货，产品退回运费需用户承担。
（2）签收后15日内产品有质量问题，可通过美的维修网点或联系在线客服，鉴定产品质量问题，并联系在线客服咨询退换货。

原因	类别	支持7天（含）退换货	支持15天（含）换货	客户是否承担运费	所需凭证
客户原因	已签收无理由退货	√	×	是	无
	未签收无理由退货	√	×	是	无
非客户原因	质量问题	√	√	否	照片／视频／检测报告

退货提示

（1）如需退换货，请先**联系在线客服申请退换货**，经本店确认后再进行退回；如不联系并自主退回，退换货信息填写不完整无法确认客户信息的包裹或发到付的，本店一律拒收或作无主处理，造成的损失由退货方承担。
（2）退换货产品需由客户联系快递退货，客户先行垫付，我方仅承担普通运费（使用顺丰等昂贵快递服务，快递费差额由客户承担）。
（3）所有的退货、换货，**需保证产品的包装、泡沫、赠品、配件、发票的完整性**，如产品退回包装有损，客户需给予商家相应赔偿（换货不寄回赠品、发票）。

图 6-2-13　天猫美的旗舰店有关退货的提示说明

3. 售后维修

若买家购买的商品属于三包商品，卖家在保修期内必须为买家提供售后服务，如换货或维修等。

当买家提出售后维修时，客服应该根据不同情况进行解答，并在核实情况后进行处理。

（1）维修点上门维修。若当地有维修点，客服应该引导和协助买家与当地维修点联系，让买家能尽快获得相应的服务。在买家与维修点对接后，客服仍需备注跟进，用细致、周到的服务缓解买家因商品出现问题而出现的不满情绪。

（2）返厂维修。确认问题所在之后，若当地没有维修点，可以引导买家将商品返厂维修。返厂寄回流程与换货类似。客服确认收到买家寄回的商品后，应备注跟进，及时将维修好的商品寄给买家。维修所产生的费用（如零部件更换、物流费用等）应按规定与买家事先约定，避免事后产生纠纷。

如图 6-2-14 所示为天猫美的旗舰店对安装与保修的说明。

关于物流 关于退换货 关于发票 关于安装与保修

产品大类	是/否上门服务	保修内容
电风扇	否	整机保修1年，主电机（不含同步电机）保修10年
电暖炉	否	暖风机整机保修1年，油汀保修3年

免责条款——属于下列情况之一的，不享受三包服务，但可以付费修理

（1）消费者因搬运、使用、维护、保管不当造成损坏的；
（2）非我司指定维护点安装、维修造成损坏的(包括消费者自行安装或拆卸修理的)；
（3）无保修卡或购买证明的，且无法证明属于保修期内的；
（4）因不可抗拒的自然灾害造成损坏的；
（5）超过保修期的；
（6）使用环境（如电压、湿度、温度、通风条件等）不当的。

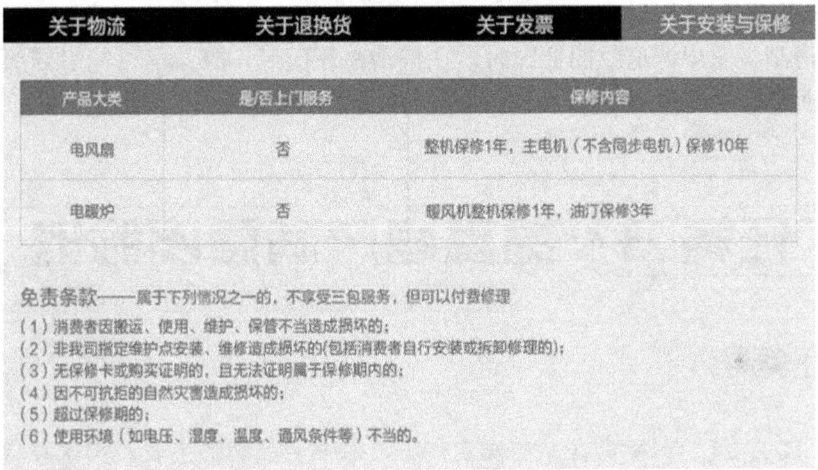

图 6-2-14 天猫美的旗舰店对安装与保修的说明

4. 退款

根据实际交易中常见的退款实例，以及淘宝给买家提供的多种退款处理办法，可以将退款问题归纳出来，如表 6-2-2 所示。

表 6-2-2 常见的退款问题

常见问题	售后客服处理办法	后续跟进
货物破损、少件等	（1）联系买家提供实物照片，确认商品情况； （2）与物流公司核实是谁签收的包裹； （3）如果不是本人签收的，且没有买家授权，建议客服直接给买家退款，并联系物流公司协商索赔，避免与买家发生误会	（1）发货前严格检查产品质量； （2）选择服务品质高尤其是对签收操作严格规范的物流公司； （3）提前约定送货过程中产生商品破损、丢件等损失该由谁承担
质量问题	（1）联系买家提供实物照片，确认问题是否属实； （2）核实进货时商品质量是否合格； （3）如果确认是商品质量问题或无法说明商品是否合格，可直接与买家协商解决，如退货退款	（1）重新选择优质的进货渠道； （2）进货后保留好相关的进货凭证

续表

常见问题	售后客服处理办法	后续跟进
描述不符	（1）核实商品详情页的描述是否有歧义或者容易让买家误解； （2）核实是否发错商品； （3）如果商品描述有误或者发错商品，可以与买家协商解决，如换货、退货退款等，避免与买家发生误会	（1）确保商品描述内容通俗易懂，不让人产生歧义； （2）确保发出的每件商品与买家购买的商品一致
收到假货	（1）核实进货时的供应商是否具备相应资质； （2）如无法确认商家资质，可直接联系买家协商解决	（1）选择有品牌经营权的供应商； （2）进货后保留好相关的进货凭证或商品授权书
退运费	（1）核实发货单上填写的运费是否少于订单中买家所支付的运费； （2）如果有误，将超出部分的金额退还给买家	邮费模板要及时更新，如果有特殊情况，应及时用旺旺通知买家

当客服遇到买家申请退款的情况时，在问清楚原因后，应该尽可能引导买家把退款转为换货，从而降低退款率。

任务 3　提高客户满意度服务

一、任务导入

2019 年 11 月 24 日，吴向在某海淘店淘了一对知名品牌的手表。卖家发货迅速，物流正常。但是，吴向在 12 月 6 日再次查询物流状态的时候发现，手表卡在海关查验这一步已经 5 天了。货物物流状态时间表如表 6-3-1 所示。

表 6-3-1　货物物流状态时间表

状态时间（以下为欧洲中部时间）	状态更新人	发生地点	状态
2019 年 11 月 24 日 16 点 41 分	Yaojin		已理货
2019 年 11 月 24 日 16 点 41 分	Yaojin		入打包间
2019 年 11 月 24 日 16 点 45 分	Yaojin		出打包间
2019 年 11 月 25 日 09 点 50 分	069		已发航空
2019 年 11 月 28 日 10 点 31 分	Zuohai		货物离开仓库，飞往 ZRH 机场
2019 年 11 月 28 日 13 点 32 分	Zuohai	ZRH 机场，瑞士	到达机场，等待起飞
2019 年 11 月 29 日 07 点 50 分	Xinwen		货机起飞，飞往中转机场
2019 年 11 月 30 日 03 点 18 分	Xinwen		到达中转机场，等待起飞
2019 年 12 月 01 日 08 点 26 分	Xinwen		中转机场货机起飞
2019 年 12 月 01 日 15 点 41 分	Ailin	北京	您的订单开始清关，申报口岸为【北京海关】

吴向询问客服，客服给出的解释是一起发运的同批货物均被海关查验，部分货物可能需要重新估税，还在等待海关的进一步通知，具体到货时间还不确定。

吴向对此表示极度不满，自己已经缴了税金，却因为网店自己的原因导致无法正常收货，不知道还能否将此商品作为圣诞礼物送人。

作为网店的客服，应该如何做才能提高吴向的满意度，使其日后继续在本店消费呢？

二、任务分析

伴随着日益增多的网络购物渠道，以及国内消费者购买力的提高和人民币国际支付能力的增强，越来越多的人开始购买海外商品，与此同时，发生的客户投诉事件也越来越多。

就此任务而言，问题在于非买家自身原因导致货物延迟，从而使买家产生不满情绪。那么客服就应该运用一些提高客户满意度的技巧给买家留下良好的印象，争取使其成为网店的回头客。

三、知识百宝箱

（一）客户满意度的概念

客户满意度是企业生存、发展的根本，不同的服务水准决定不同的客户满意度。高的服务水准对应的是高的客户满意度，给企业带来的是客户忠诚度的提高、业绩的增加和市场竞争力的增强。

如图 6-3-1 所示，根据图形写一篇作文，解释一下什么是满意。（引自 2016 年语文高考作文。）

图 6-3-1　什么是满意

满意、客户满意、客户满意度的含义如下。

（1）满意，是与期望值相比较，基于需求是否满足所形成的一种失望或愉悦的感觉状态。

（2）客户满意，是指客户对某一事项已满足其需求和期望的程度，也是客户在消费后感受到满足的一种心理体验。当需求被满足时，客户便反映出一种积极的情绪，被称为满意；否则反映出一种消极的情绪，被称为不满意。

（3）客户满意度，是指客户的期望值与企业产品或服务最终获得值之间的匹配程度。

在日常的生活和工作中可以发现一个现象，能使得客户在一种情况下满意的商品或服务，在另一种情况下未必能使其满意；能使得一个客户满意的商品或服务，却未必会使另一个客户满意。从中可以发现，是否满意处于一个变动的状态，而满意的程度即满意度是与期望值紧密相关的，如图 6-3-2 所示。

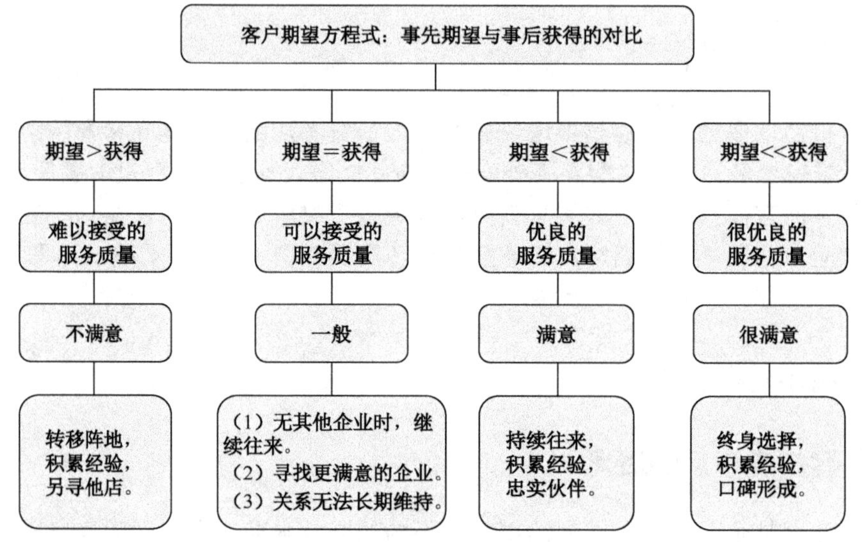

图 6-3-2　满意度与期望值的关系

把图 6-3-2 中的客户期望方程式再细分一下，就可以得到两个常见的满意度分级：五级和七级，如表 6-3-2 所示。

表 6-3-2　满意度分级

五级	很不满意	不满意	一般	满意	很满意		
七级	很不满意	不满意	不太满意	一般	较满意	满意	很满意

从上面的分析来看，客户满意度具有 4 个方面的特性，如图 6-3-3 所示。

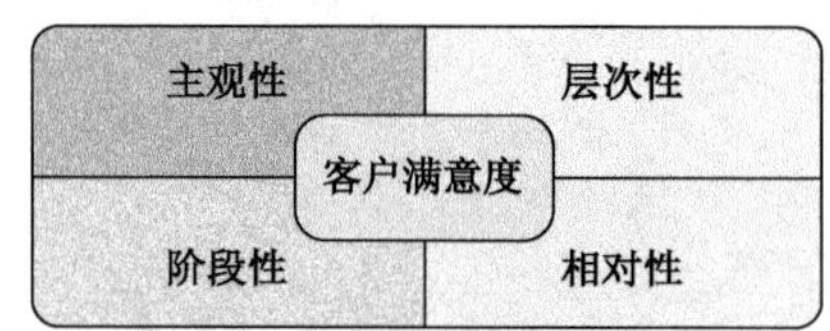

图 6-3-3　客户满意度的特性

（二）影响客户满意度的因素

1. 客户需求的结构

下面以电子商务物流中的物流配送为例来介绍一下客户需求的结构。

物流配送作为一种服务型产品，根据自身特色有一定的层次划分，它们构成了整体的物流配送产品和客户需求。具体内容如表 6-3-3 所示。

表 6-3-3 整体的物流配送产品和客户需求

物流配送产品			客户需求
产品层次	核心产品	产品的核心功能，如安全运输、快速配送等	功能需求
	形式产品	产品的表现形式，如物流服务人员、服务质量、物流服务设备等	形式需求
	附加产品	企业服务的延伸，如为客户提供结算服务、需求预测服务、全程跟踪服务等	外延需求
产品性价比合理，如优惠、折扣、特殊服务收费等			价格需求

2．客户满意度的构成要素

在了解了客户需求的结构的基础上，可进一步对客户满意度的构成要素进行分析，如图 6-3-4 所示。

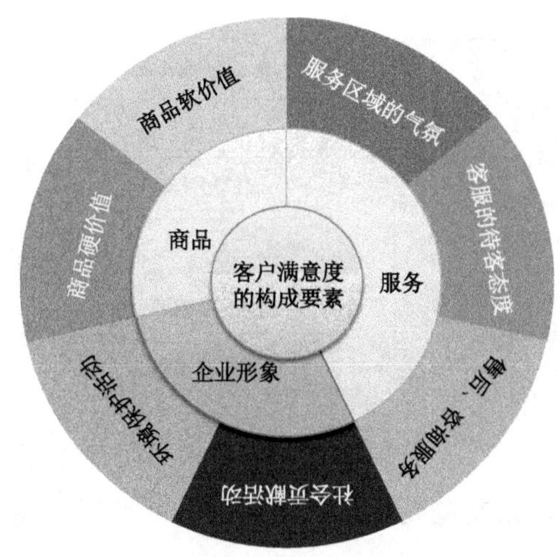

图 6-3-4 客户满意度的构成要素

下面以一个第三方仓储配送企业的仓储配送为例，分析一下客户满意度的构成要素。

广东乐盛物流股份有限公司是一家提供第三方仓储配送服务的大型综合物流公司，仓库分布在北京、上海、广州等全国 20 多个大中城市，覆盖了华南、东南、华东、华北等大部分区域，主要为客户提供定制化的仓储配送服务。

仓储业务内容包括：① 收货管理（如卸货、验收、破损处理等）；② 出货管理（如订单拣货、货物再包装、退换货管理等）；③ 库存管理（如库存预警、补货管理、库存盘点、库位管理等）；④ 增值服务（如条码打印、贴标服务、包装服务、流通加工等）；⑤ 信息服务（如订单管理、查询沟通、投诉处理等）。

配送业务内容包括：① 电商配送；② 市内门店循环补货；③ 零售门店直配等。

公司拥有普通常温库房、防静电库房、恒温库房、冷藏库房、冷冻库房等多种库房，可以为客户提供普通商品、酒类、水果、生鲜、熟食、药品等的仓储配送服务。

概括来讲，该公司客户满意度的构成要素如下。

（1）商品（直接要素）。

① 商品硬价值：仓储配送服务的内容、响应时间、订货完成质量、价格等。

② 商品软价值：获取服务的便捷性，公司的规模、名气、信息质量等。

（2）服务（直接要素）。

① 服务区域的气氛：令人有好感的业务接待区、高效的工作区等。

② 客服的待客态度：统一得体的服装、礼貌的用语、亲切的笑容、专业的解答、积极主动的工作态度等。

③ 售后、咨询服务：售后服务、给客户提供专业的定制方案、误差处理等。

（3）企业形象（间接要素）。

① 社会贡献活动：支援文化、体育活动等。

② 环境保护活动：资源回收、再生活动，环保运动等。

（三）提高客户满意度的途径

根据前面所提到的各种要素可以发现，客户需求、客户的期望值、客户的满意度和企业提供的服务之间存在着一定的联系，如图 6-3-5 所示。

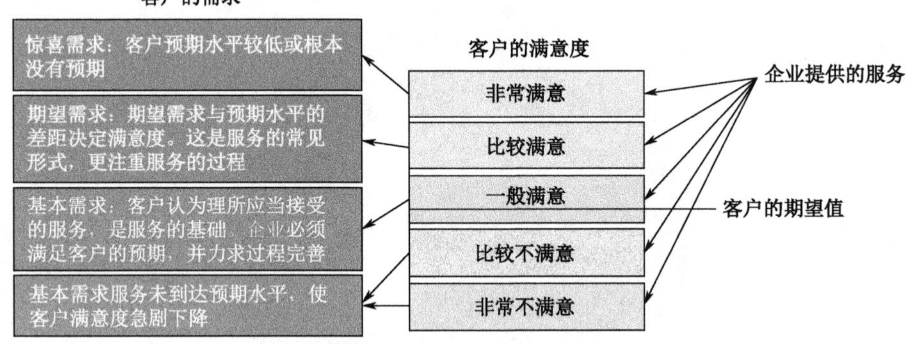

图 6-3-5　客户需求、客户的期望值、客户的满意度和企业提供的服务之间的联系

所以，电子商务物流企业要提高客户的满意度，就可以从客户需求、客户的期望值、企业提供的服务 3 个方面入手。

1．了解客户的真正需求

“找出客户的需求，然后满足他/她”是现代营销的精髓。电子商务物流与传统物流的显著区别如表 6-3-4 所示。

表 6-3-4　电子商务物流与传统物流的显著区别

环　节	细分环节	传统物流	电子商务物流
仓储管理	商品	大宗、大型货物	小型货物、包裹
	客户	商业伙伴、重复客户，数量不多	经常未知，数量很多
	卸货	有	有
	库存管理	有	有
	出库	频次低，一次性出库量大	频次高，出库单数量多
	条码管理	不必须实行	必须实行
	单据打印	极少	非常频繁
	订单分拣、包装	极少	非常频繁
运输/配送管理	目的地	少数，在一个地区集中	大量，高度分散
	大宗物流公司	往往自建，少量外包	往往外包，少量自建
	快递与配送	无	有，需选择、交接、跟踪
信息系统		重要	非常重要

电子商务物流企业的客户有两类：个人客户和企业客户。下面进一步挖掘两类客户各自的需求。

个人客户需求如图 6-3-6 所示。

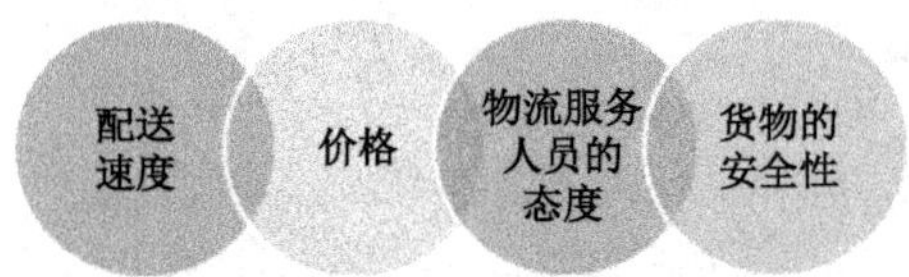

图 6-3-6　个人客户需求

企业客户需求如图 6-3-7 所示。

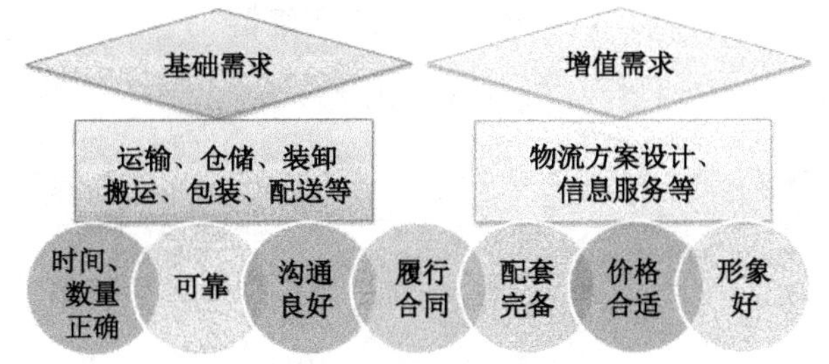

图 6-3-7　企业客户需求

B2C 的物流管理包括货物装卸、检验、储存、分拣、包装、配送、物流信息管理等环节，电子商务使得零售企业的服务职能转移到物流环节，除了需要提供仓储、包装、运输、配送等基础物流服务，还需要提供更多的增值服务，进而把实体店的功能转移到配送环节甚至快递员身上。作为电子商务交易中唯一与买家面对面的环节——“送货上门”，其质量直接关系到客户的购物体验。电子商务企业需要的是一站式、个性化的物流解决方案，而非传统的物流公司那种只提供仓储或配送中某一环节的割裂式服务。

因此，在基础物流服务之外，电子商务物流服务还应该做到以下 4 点。

（1）价格能因需而变：在服务项目方面，客户可以根据自身需求搭配，拥有选择自主权，并最终体现在服务价格上。

（2）时效一目了然：为客户提供信息服务，从客户下单起便可查看货物预计到达时间，且按时率高。

（3）提供专业化的客户服务：如主动为客户监控订单的物流信息，若出现异常情况及时进行处理。

（4）提供定制化的服务，满足客户的个性化需求：如仓库代加工、代包装、代安装家具、现场调试家电等。

2．降低客户的期望值

很多时候，企业无法无限地根据客户的需求提供相应的服务，但是可以通过引导客户降低期望值来提高客户的满意度，具体可以从如图 6-3-8 所示的 4 个方面入手。

同时，企业还可以采用图 6-3-9 所示的一些方法来降低客户的期望值。

3．提高物流服务质量，提供个性化服务

（1）提高物流服务质量。目前，行业内通行的物流服务质量理论和观点是由美国田纳西大学相关学者于 2001 年研究并整理后重新定义出来的，从客户角度归纳出衡量物流服务质量的指标，如图 6-3-10 所示。

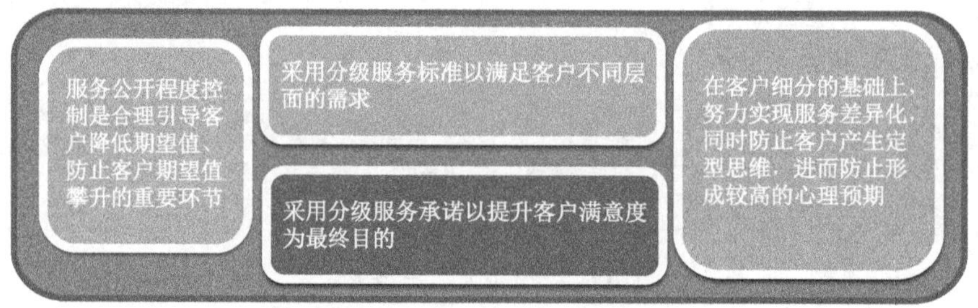

图 6-3-8 合理地引导客户降低期望值的方法

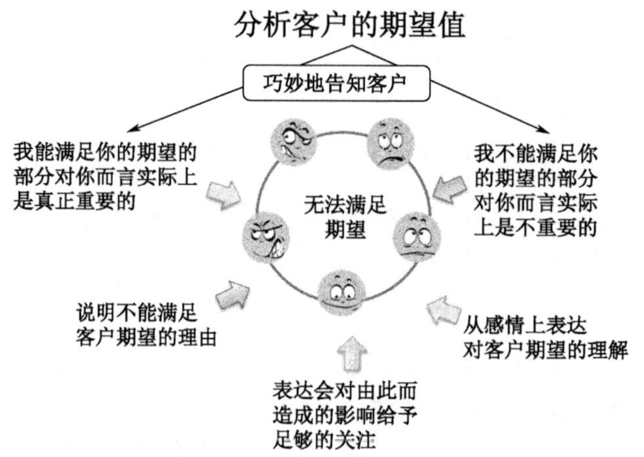

图 6-3-9 降低客户期望值的方法

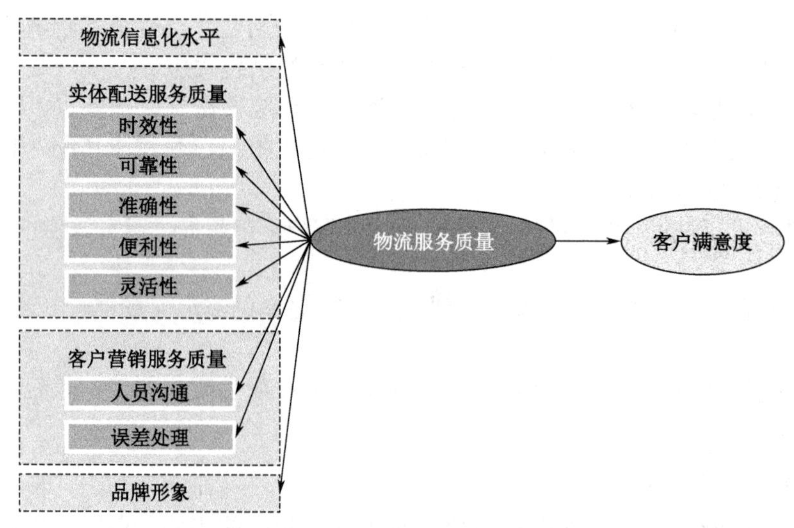

图 6-3-10 衡量物流服务质量的指标

客户对物流服务质量的评价越高，其对物流企业的满意程度也就越高。根据图 6-3-10 所列的指标，再联系实际，可以细化出如表 6-3-5 所示的具有可操作性的指标。

通过客户对物流企业的这些细化指标进行的评价，可以知道客户对该物流企业的满意度，再根据各个指标的得分数据，分析出客户对企业不满意的地方，便于企业加以修正，提高客户的满意度。

表 6-3-5 具有可操作性的指标

指标		内容
物流信息化水平		通过该物流企业的信息平台可以全程跟踪货物的投递状态
		该物流企业可以提供实时的货物投递状态的查询
		该物流企业的信息化水平很高
实体配送服务质量	时效性	该物流企业投递的货物能在预计时间内准时到达
		该物流企业从客户下单到接收货物需要的时间不超过规定时间
		该物流企业投递货物非常准时
	可靠性	该物流企业运输交付的货物通常是完好的
		该物流企业的货物运输过程无野蛮装卸
		该物流企业很少发生货物损坏现象
	准确性	该物流企业运输的货物与订单是一致的
		该物流企业运输的货物的数量是正确的
		该物流企业运输的货物与需求是相符的
	便利性	该物流企业提供门到门送货服务
		该物流企业提供送货上门服务
		该物流企业提供便利包装
	灵活性	该物流企业的运输方式很灵活
		该物流企业的运费定价方式很灵活
		该物流企业的付费方式很灵活
客户营销服务质量	人员沟通	该物流企业的员工热心解决客户遇到的问题
		该物流企业的员工乐意帮助客户解决问题
		该物流企业的员工的服务态度非常友善
		该物流企业的员工具备专业知识
		该物流企业的员工能很快回复我的问题
	误差处理	该物流企业解决货物差错问题时令人满意
		该物流企业提交货物差错的流程合理
		该物流企业回应货物差错问题时令人满意
品牌形象		该物流企业在同行中具有很高的知名度
		该物流企业在业界具有很高的声誉
		该物流企业规模很大

（2）提供个性化服务。提供个性化的物流服务是电子商务物流企业实现“以客户为中心”理念的重要体现。电商要求物流企业提供全方位的服务，即在仓储、运输等传统物流环节之外增加针对客户需求的个性化服务。这些个性化服务既包括满足客户对商品包装、配送时间、地点的个性化需求的服务，也包括物流企业有针对性地提供加工、存储等的增值服务。目前倡导的“门到门”“门到人”服务均是物流服务个性化的体现。

案例：“慢递”服务

自 2012 年的淘宝“双十一”起，部分家装卖家推出“慢递”服务。对于习惯网络购物的消费者来说，通常会要求物流服务越快越好，但也并非全部如此，例如有的消费者趁商家打折促销买了一堆建材用品，但装修期却在两个月后。为了让消费者享受网络购物的便利，多个家装品牌推出了允许消费者在 2～4 个月内任何时间进行提货的个性化“慢递”服务。而对于网购消费者而言，合适的时间可能比“快”更重要。业内人士认为，很多时候，消费者关注的并非货品送达的速度，而是能在合适的时间、方便的地点收到货品。对于像“双十一”这样的时间节点，“慢递”服务可以缓解中国快递业整体运力不足的现状。对商家而言，应了解消费者对物流的个性化需求，而不是仅仅追求快，而是尽量让消费者收货更加方便。

随着电子商务尤其是各类网络购物的飞速发展，物流成本的控制成为电子商务企业利润增加的重要节点。因为物流业竞争加剧，所以物流企业为客户提供优质、高效的增值服务显得尤为重要。

物流增值服务是指在完成物流基本功能的基础上，根据客户需求提供的各种延伸业务活动。也就是说，只要是需要在物流作业过程中进行的，除基本服务之外的服务都算增值服务。

目前常见的以客户为中心的几类增值服务如图 6-3-11 所示。

（四）客户不满意的处理技巧

1．处理客户不满的常见错误行为

（1）争辩、争吵、打断客户。

（2）教育、批评、讽刺客户。

（3）直接拒绝客户。

（4）强调自己正确的方面，不承认错误。

（5）暗示客户有错误。

（6）表示或暗示客户不重要。

（7）认为投诉、抱怨是针对个人的。

（8）不及时通知变故。

（9）语言含糊，“打太极拳”。

（10）拖延或隐瞒。

（11）怀疑客户的诚实性。

（12）为解决问题设置障碍（期待客户打退堂鼓）。

（13）以为客户容易打发。

（14）假装关注：虽然语言体现关心，却忽略客户的关键需求。

（15）在事实澄清以前便推卸责任。

（16）责备和批评自己的同事，炫耀自己的成绩。

2．处理客户不满的正确行为

（1）语气平和，让客户发泄怒气。

（2）令客户感到舒适、放松。

（3）表示理解和关注，并加以记录。

（4）若有错误，立即承认。

（5）体现紧迫感。

（6）明确表示承担帮客户解决问题的责任。

（7）积极、主动地同客户一起找出解决问题的办法。

（8）如果问题难以独立处理，及时请示上司或者尽快转给相应部门。

物流增值服务	类型	服务	说明
物流增值服务	仓储型增值服务	根据第三方物流企业本土拥有的仓库设施开展增值服务	如提供货物检验、安装、简单加工、重新包装等
		存货查询	确认有效库存是否能满足客户需求
		建立缓冲仓库	满足客户的突发性订单需求，提高客户满意度
	配送型增值服务	结算	物流中心可替货主向收货人结算货款等
		需求预测	根据商品进出货信息来预测商品进出库量，进而预测市场对商品的需求量，然后将市场信息反馈给客户
		物流系统设计与咨询	充当货主的物流专家，为货主设计物流系统，代替货主选择和评价运输商、仓储商及其他物流服务供应商
		物流教育与培训	向货主提供物流培训服务
		采用协同配送的方式进行配送	对在相同城市有定期运货要求的不同货主，由一个卡车运输者使用一个运输系统进行配送
		组建客户服务响应中心	对客户遇到的技术问题迅速跟踪解决，为其提供个性化的服务
	第四方物流咨询增值服务	帮助客户制定物流战略规划	通过对客户提供全方位的调查研究，以及对宏观环境进行分析，帮助客户制定物流总体发展战略、阶段性实施计划、各职能部门的战略规划等
		帮助客户设计组织结构与制度	根据客户发展物流的战略目标设计组织框架，建立合理、有效的决策指挥系统
		帮助客户开展物流市场调研	根据客户的要求，对客户涉足的产业和物流领域开展各种形式、各种内容和各种规模的市场调研
		帮助客户进行营销策划与管理	根据客户的营销战略，提出物流支持客户营销的解决方案，以扩大客户的市场份额
		对客户开展企业诊断服务，进行业务流程再造	找出客户经营管理活动中急需解决的物流问题，与客户共同寻找解决方案
		帮助客户进行物流人才的开发与管理	从物流人才招聘、培训、晋升、激励制度入手，帮助企业有效开发物流人才，调动物流人才的积极性和创造性
	国际货运代理型增值服务	提供全套的物流一体化服务	提供订舱、托运、仓储、包装，货物的监装、装卸，集装箱拼装、拆箱、分拨、中转及相关的短途运输，报关、报验、报检、保险，内向运输与外向运输的组合，多式联运、集运等全套服务
		为客户进行货运代理设计	为客户安排经济、快捷、安全的运输路线，选择最佳的运输方式
		为客户进行货运代理咨询	在包装、仓储、进出口、单证处理、海关手续、港口操作、特殊货品、集装箱运输、多式联运等方面为客户提供解决方案
		为货运委托人提供情报信息	为客户提供产品流通信息和市场反馈信息，以方便客户进行订货量、库存量动态控制与管理等
		为客户提供在线追踪采购订单、集装箱服务	利用订单号、订单计划编号、集装箱号、进仓编号等关键字段对有关货物信息进行跟踪和查看
		提供电子商务服务	提供网上电子合同、打印提单、网上订舱、网上支付运费、网上库存管理、网上供应链管理等服务
	发展融通仓增值服务	仓单质押模式	融资企业把货物存储在第三方物流企业的仓库中，然后凭借仓单向银行申请贷款
		货物质押模式	对具体货物实体进行的质押，融资企业将货物置于第三方物流企业控制之下即可获得贷款
		信用担保融资模式	银行可以根据第三方物流企业的规模、经营业绩、运营现状、资产负债比率及信用程度，授予第三方物流企业一定的信贷配额，第三方物流企业再根据与其长期合作的中小企业的信用状况确定其信贷配额，为生产经营企业提供信用担保
	承运人型增值服务	提供全程追踪、电话预约、车辆租赁等增值服务	
	信息型增值服务	向供应商下订单，并提供相关财务报告；接受客户的订单，并提供相关财务报告；运用网络技术向客户提供在线数据查询和在线帮助服务	

图 6-3-11 常见的以客户为中心的增值服务

3．令客户满意的技巧

为了提高客户的满意度，可借鉴如图 6-3-12 所示的技巧。

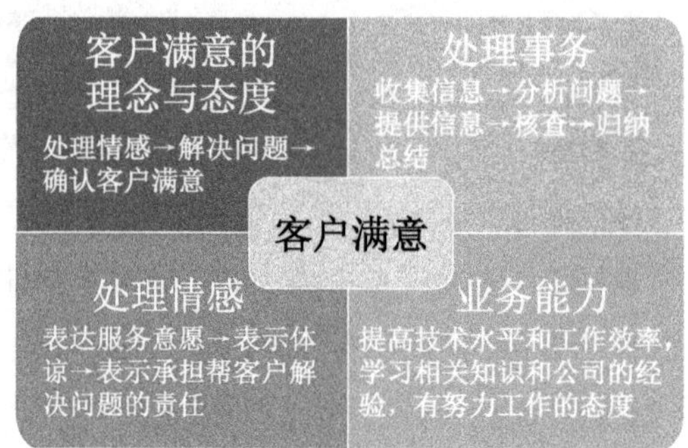

图 6-3-12　令客户满意的技巧

任务 4　客户关系管理

一、任务导入

邓超仁是某电子商务企业仓储中心的高级客户代表，公司给他分配了 5 个新客户，基本情况如表 6-4-1 所示。

表 6-4-1　新客户的基本情况

客　户	信用等级指标得分（满分为 10）	收 入 等 级	稳定性等级	附加指标得分（满分为 14）
鸿天贸易公司	9	大规模	高	9
曼岛服装厂	7	小规模	低	7
玉城佳超市	8	小规模	高	8
宏达格力天猫旗舰店	7	大规模	高	6
运通国际物流货代公司	7	大规模	高	11

该电子商务企业仓储中心所采用的客户分级标准如表 6-4-2 所示。

表 6-4-2　客户分级标准

类　型	组 合 情 况	客 户 分 级
A	高信用等级—大规模—高稳定性	优质大客户
B	高信用等级—大规模—低稳定性	潜力大客户
C	高信用等级—小规模—高稳定性	优质小客户
D	高信用等级—小规模—低稳定性	潜力小客户
E	低信用等级—大规模—高稳定性	风险大客户
F	低信用等级—大规模—低稳定性	劣质大客户
G	低信用等级—小规模—高稳定性	风险小客户
H	低信用等级—小规模—低稳定性	劣质小客户

邓超仁首先要收集完整的客户资料。

另外，中秋将至，公司对不同级别的客户准备了不同的礼品，邓超仁应该给这 5 个客户申请哪个级别的礼物?

每个月的日常拜访中，邓超仁应该重点拜访这 5 个客户中的哪个？应该怎么做？

二、任务分析

客户是企业生存和发展的源泉，企业应该对这个重要资源进行科学、有效的管理，实现企业利益最大化。而要对客户进行科学管理，就必须对客户信息进行整理，对客户进行分级，并根据不同的分级标准进行管理，抓大放小，合理分配企业资源。

所以，在这个任务里，需要先收集客户信息，然后根据分级标准对客户进行分级，再根据企业政策对不同级别的客户进行管理。

三、知识百宝箱

（一）客户档案维护

对客户档案进行维护的基本步骤可参考图 6-4-1。

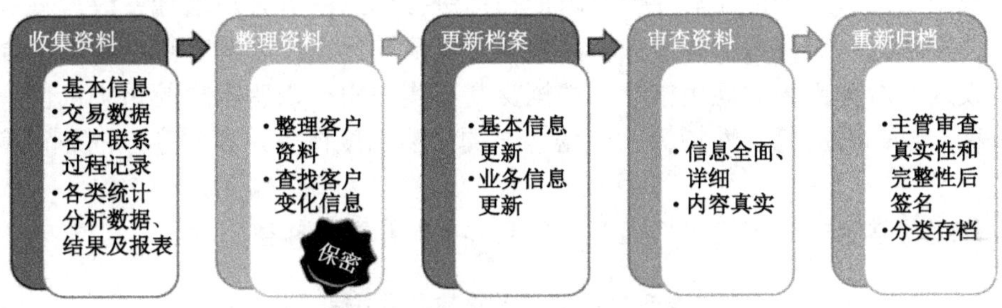

图 6-4-1 对客户档案进行维护的基本步骤

其中，客户基本信息是对企业客户和个人客户全面的描述性数据。

（1）企业客户的基本信息一般包括但不限于：客户名称、客户地址、所属行业、主营业务、数据来源、企业类型、资产情况、业务规模、银行资料信息、负责人、联络人等。

（2）个人客户的基本信息一般包括但不限于：姓名、联系方式、性别、生日、家庭情况、爱好、职位等。

因为客户是企业最重要的资源之一，所以在对客户资料进行维护的过程中，相关工作人员必须注意对客户信息保密，并及时更新客户信息资料，尤其是进行客户拜访后发现有变更的，应立即进行信息更新，以免信息失效导致客户分析失真，甚至客户失联，造成客户流失。

（二）客户分级管理

企业的资源是有限的，要利用有限的资源达到企业的利益最大化，就必须对客户进行分级管理。对客户进行分级管理的方法可参考图 6-4-2 所示的 80/20 法则。

小知识 **80/20 法则**：又称为帕累托法则、二八定律、帕累托定律、最省力法则、不平衡原则等。这个法则认为 80%的产出源自 20%的投入；80%的结论源自 20%的起因；80%的收获源自 20%的努力。在客户关系管理上，80/20 法则就是企业 80%的利润来自于 20%的客户，其余 80%的客户只创造了企业 20%的利润。	2 个客户 （800 万元） 8 个客户 （200 万元）	例如：企业共有 10 个客户，共创造了 1000 万元的利润，贡献比率如左列所示。

图 6-4-2　80/20 法则

根据 80/20 法则，应该找出这 20%的重要客户，即进行客户分级，并对重要客户进行重点维护。

客户分级流程如图 6-4-3 所示。

图 6-4-3　客户分级流程

1．确定分级指标

根据客户分级管理的思想，综合考虑客户生命周期与发展潜力，通常可以选择资金状况、收入和稳定性这 3 个指标，并使用附加指标进行修正，对客户进行分级。

（1）资金状况：对应信用等级指标，根据交易风险得出，表明客户价值的含金量。

（2）收入：对应销售额规模指标，根据交易事实得出，表明客户的历史价值。

（3）稳定性：对应稳定性指标，根据客户的交易态度得出，表明客户的忠诚度及未来的价值。

客户分级的常用指标一般包括但不限于表 6-4-3 所示的内容。

表 6-4-3　客户分级的常用指标

指标名称	指标及分级		说　明
资金状况	24 个月资金回收状况	可以 90%、75%、60%、30%为分界点，划分成 5 个档次	两项总得分大于或等于 80%，评定为高信用等级；反之，评定为低信用等级
	最长付款周期（天）	可以 30、60、90、180 为分界点，划分成 5 个档次	
收入	月销售额	大规模、小规模	以每个月与本企业的交易额的某个具体值为划分标准
稳定性	和客户合作的时间长短	低、高	建立合作关系的具体值，如 *N* 年
	采购原则	低、高	以多供应商/采购商、单一供应商+单一决策者为判断标准
	产品渗透	低、高	以指定的产品数量值为标准
	业务量占比	低、高	本企业占对方业务量的百分比，多以 75%为标准
	与联络人的交流	低、高	以用户+影响者、用户+影响者+决策者的程度为标准

续表

指标名称	指标及分级		说明
附加指标	知名度	全球知名、全国知名、当地知名、当地不知名	总分越高，附加价值越大
	在同行业中的市场地位	很高、高、不高	
	行业的发展空间	很大、大、不大	
	企业的发展空间	很大、大、不大	

2. 进行分类

根据上述前3项指标，采用类型组合的方式对客户进行分类（见表6-4-2）。

3. 客户归类

初步分类完成后，根据附加值进行调整：附加值≥12时，调整为A类客户；9≤附加值<12时，调整为B类客户；附加值<9时，不调整。

（三）客户差异化服务策略

下面可根据组合得到的8类客户（类型A～H），按照目前的价值和潜在的价值进行分类，对不同等级的客户采取不同的营销策略，以对客户关系进行管理维护，并合理利用企业资源，使企业达到利益最大化。通过对表6-4-2进行整理，可以得到表6-4-4所示的内容。

表6-4-4　对不同等级客户采取不同的营销策略

类型	组合情况	客户分级	客户价值	对应客户服务策略
A	高信用等级—大规模—高稳定性	优质大客户	高价值	关键客户策略
E	低信用等级—大规模—高稳定性	风险大客户		
B	高信用等级—大规模—低稳定性	潜力大客户	次价值	主要客户策略
F	低信用等级—大规模—低稳定性	劣质大客户		
C	高信用等级—小规模—高稳定性	优质小客户	潜在价值	普通客户策略
D	高信用等级—小规模—低稳定性	潜力小客户		
G	低信用等级—小规模—高稳定性	风险小客户		
H	低信用等级—小规模—低稳定性	劣质小客户	低价值	小客户策略

1. 关键客户策略

根据上面的分类可以看到，A、E两类客户属于高价值客户，需要项目负责人经常与之进行有效的沟通交流，形成战略伙伴关系。针对这类客户，客户代表在工作中应该注意以下事项。

（1）将这一级别客户的要求在公司范围内共享，让所有的工作人员都能清楚地了解其服务要求，以便随时为客户提供尽善尽美的服务。

（2）及时更新商品的仓储信息。

（3）及时跟踪货物，并及时将相关信息反馈给客户。

（4）若有突发事件，应及时告知客户，并积极协助处理。

（5）积极回访，保持良好的公、私关系。

（6）尽量配合公司及其他部门同事，尽量满足这类客户的需要，为其提供个性化的服务。

2. 主要客户策略

B、F两类客户属于稍低于高价值客户的次价值客户。这类客户货量大，企业应该尽量将其变成高价值客户。这类客户通常较关注服务的价格和质量。针对这类客户，客户代表在工作中应该注意以下事项。

（1）实时关注仓储服务项目及市场价格的变动情况，及时反馈给客户。

（2）对客户进行跟踪式服务，让客户有很好的体验。

（3）与客户保持良好的沟通，并注意款项的催收。

（4）保证协助性操作的及时性，如订舱、报关等。

（5）对客户托管及托运的货物进行及时跟踪和反馈。

3．普通客户策略

C、D、G 类客户为潜在价值客户。这类客户虽然货量比高价值客户和次价值客户小，但是潜在价值大。对于这类客户，要尽量保证仓储服务的质量，宣传企业的品牌，提高客户的稳定性。针对这类客户，客户代表在工作中应该注意以下事项。

（1）保证仓储服务质量。

（2）尽量为客户提供增值服务。

（3）增强与客户的沟通联系，获取信任。

（4）积极处理好客户的相关投诉和不满，并及时反馈回访。

（5）多宣传企业的品牌，推广企业的服务项目。

4．小客户策略

将 H 类“三低”客户划归低价值客户。针对这类客户，企业不需要花费太多时间和精力，但是要关注款项的催收。

（四）大客户日常拜访

根据 80/20 法则，可通过对 20%的高价值客户进行沟通维护，而大客户日常拜访则是进行大客户关系维护的基本服务内容。

1．拜访流程

在进行客户拜访时应该怎么做呢？仔细阅读图 6-4-4 所示的内容，这是拜访的工作流程及每一步的重点内容。

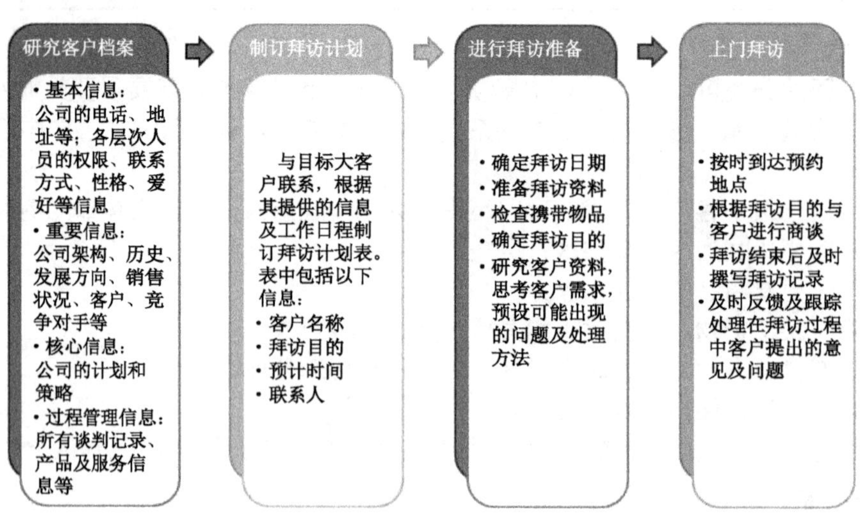

图 6-4-4　拜访的工作流程及每一步的重点内容

2．拜访时的注意事项

（1）服装、仪容仪表、言行举止必须能体现出企业形象。

（2）尽量与客户建立友谊，使其可以成为核心客户。

（3）在经过部门主管同意后，拜访时可以视需要赠送礼品及进行友好的交流。

（4）拜访中答应客户的事项或后续待处理的工作应及时进行跟踪、处理，做到言而有信。

3．拜访类型

企业经常安排的拜访有月度拜访、季度拜访及不定期拜访 3 种类型，具体如表 6-4-5 所示。

表 6-4-5 拜访类型

拜访类型	客户类型	目的	回访方式
月度拜访	新潜力大客户、运营异常大客户	联络感情、推广业务、维护企业品牌、了解客户情况、反馈问题、解决问题等	电话回访 正式拜访
季度拜访	合作大客户、季度评估异常大客户	联络感情、推广新业务和优惠政策、了解客户情况、反馈问题、解决问题等	电话回访 正式拜访
不定期拜访	高收益大客户、潜力大客户、出现紧急异常情况的大客户	了解客户对公司业务的反映及建议，并给予及时反馈；了解客户意向、收集客户信息、推广新业务和优惠政策、维护企业品牌等	电话回访 正式拜访

（五）新业务和优惠政策推广

新业务和优惠政策的推广能够帮助客户更快、更好地了解公司的新业务和优惠政策，从而帮助客户选择最新的业务和服务内容。

1．推广流程

以新业务为例，推广流程如图 6-4-5 所示。

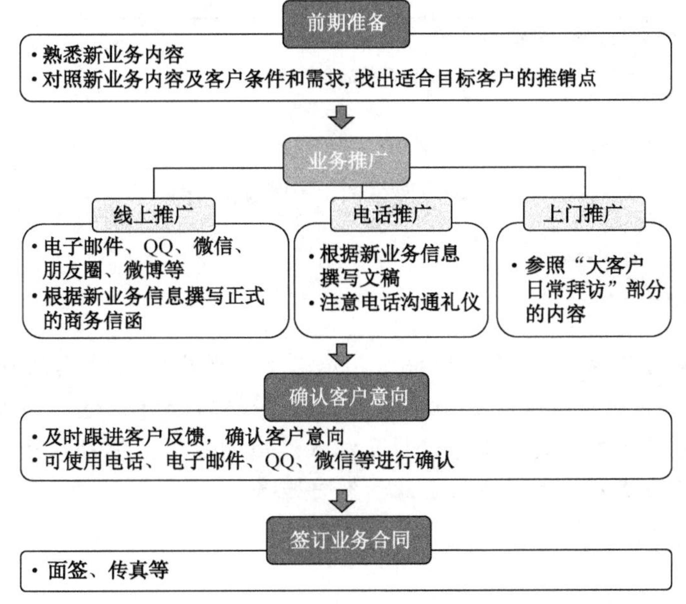

图 6-4-5 新业务推广流程

2．推广函的写作要点

（1）邮件。

① 标题栏（见图 6-4-6）：

新业务或优惠政策名称——来自×××公司

图 6-4-6　邮件标题栏内容举例

② 正文（见图 6-4-7）：

尊敬的×××（此处是收信人或收信单位名称）：

您好！我是×××公司的客户代表×××，近日我们公司推出……（此处是公司详细的新业务或优惠政策。）

如有需要可随时与我们联系、咨询。

联系人……（此处是联系人及其联系方式。）

此致

敬礼！

您的朋友

×××公司　×××（此处是写信人的姓名。）

日期

图 6-4-7　邮件正文内容举例

③ 若新业务或优惠政策较烦琐，可以在正文简单地对新业务或优惠政策进行介绍，详细介绍可以通过添加附件的方式一起发给客户。

（2）QQ、微信、短信、旺旺等（见图 6-4-8）。

亲，近日安好！×××公司近日推出……（此处是公司新业务或优惠政策的简单介绍。）有需要的话随时与我联系哦！恭候您的大驾！

图 6-4-8　QQ、微信、短信、旺旺内容举例

（3）朋友圈、微博等（见图 6-4-9）。

优惠来啦！优惠来啦！（此处吆喝，引起朋友注意。）

×××公司近日推出……（此处是公司新业务或优惠政策的介绍。）

（此处应该有图片。）

如有需要，请随时@我，等你哟！

图 6-4-9　朋友圈、微博内容举例

项目总结

本项目针对电子商务客户服务的特点，介绍了沟通中需要注意的礼仪及技巧，并对电子商务活动中常见的订单及退换货服务进行了详细的分解示范，同时还对电子商务企业关注的客户满意度和客户关系服务进行了深入浅出的分析。学习本项目有助于学生在日后的工作中做到有的放矢，更好地为企业和客户服务。

反侵权盗版声明

举报电话：（010）88254396；（010）88258888

传　　真：（010）88254397

E-mail：　dbqq@phei.com.cn

通信地址：北京市万寿路 173 信箱

　　　　　电子工业出版社总编办公室

邮　　编：100036